GENESE ET ORGANISATION DES FORMES VERBALES CHEZ L'ENFANT

De l'aspect au temps

Les recherches présentées dans cet ouvrage ont été réalisées dans le cadre d'un mandat accordé à l'auteur par le Fonds National de la Recherche Scientifique de Belgique.

J.-P. BRONCKART
F.P.S.E. Université de Genève

GENESE ET ORGANISATION DES FORMES VERBALES CHEZ L'ENFANT

De l'aspect au temps

DESSART ET MARDAGA, EDITEURS
2, GALERIE DES PRINCES, BRUXELLES

Copyright by Dessart et Mardaga, Bruxelles 1976

INTRODUCTION

Le terme « psycholinguistique » a été inventé il y a une vingtaine d'années pour désigner un courant de recherche qui voulait se dissocier de la psychologie du langage. Alors que cette dernière discipline était centrée essentiellement sur le *comportement verbal*, qu'elle analysait en se référant aux seuls modèles de la psychologie générale, l'approche psycholinguistique s'est caractérisée par l'utilisation des analyses linguistiques tant pour la formulation d'une problématique de recherche que pour l'interprétation des données expérimentales. La première approche a été qualifiée de fonctionnelle, la seconde de formelle.

La psycholinguistique, discipline particulière des sciences du langage, n'est cependant pas née en même temps que son étiquette; certains aspects des travaux des pionniers de la psychologie (W. Wundt par exemple) peuvent être considérés comme de réelles approches psycholinguistiques, ainsi d'ailleurs que quelques études des linguistes américains du début du siècle (Sapir, Whorf).

Distinctes, et souvent opposées, les approches formelles et fonctionnelles du langage ne sont cependant pas incompatibles; toute étude du fonctionnement des comportements verbaux se doit au moins de définir l'unité comportementale sous analyse, ce qui implique presque nécessairement une analyse formelle[1]. D'autre part, une approche du langage exclusivement formelle ne ressortirait pas au domaine de la psychologie. En vérité, le débat

---

[1] La seule approche visant à exclure totalement l'analyse formelle de l'étude du langage est celle que Skinner a développée dans son ouvrage « Verbal Behavior » (1957).

entre psychologie du langage et psycholinguistique s'inscrit dans le cadre plus large de l'affrontement classique en sciences humaines des positions rationalistes et empiristes. Les courants empiristes, plus centrés sur l'étude des variables contrôlant l'apparition des comportements que sur l'analyse détaillée de ces mêmes comportements, ont abondamment développé la psychologie du langage; l'essor de la psycholinguistique est au contraire intimement lié à la résurgence des positions rationalistes en sciences humaines.

Partie intégrante de la psychologie, la psycholinguistique a donc pour objet certains types de conduites, en l'occurrence celles qui ont trait à la réalisation des énoncés langagiers, à leur compréhension, mémorisation, reproduction, etc. L'objectif de cette discipline est de décrire, d'analyser et d'expliquer le *comportement langagier* du sujet, d'en extraire les caractéristiques originales et d'y déceler les aspects communs à l'ensemble des comportements humains. Ses méthodes s'inspirent de celles qu'a créées et développées la psychologie scientifique. Nous distinguerons deux orientations méthodologiques générales, l'une de type synchronique, l'autre de type diachronique.

L'orientation synchronique se caractérise par l'étude des comportements d'un sous-groupe de l'espèce (adultes, vieillards, adolescents, enfants, etc.) et leur comparaison éventuelle. Elle permet de définir par exemple *la* psychologie de l'enfant, et d'en dégager les caractéristiques particulières ou générales. L'orientation diachronique se définit par son appel à l'histoire, donc à la genèse du comportement; elle est solidaire d'une position épistémologique selon laquelle un comportement ne peut être compris que si on analyse son acquisition et son développement.

Depuis sa naissance officielle, la psycholinguistique a connu trois périodes principales; la première centrée sur les processus de communication, la seconde sur les modèles linguistiques de compétence, et la troisième sur la définition de modèles de performance.

La psycholinguistique pré-chomskyenne a trouvé ses sources d'inspiration dans la linguistique structurale classique (Saussure, Bloomfield, Hockett) et dans la théorie de l'information. C'est l'importance accordée par cette école à la fonction communicative du langage qui explique et justifie le recours à la théorie de l'information; cette dernière fournit en effet un schéma cohérent des étapes de la transmission du message entre émetteur et récepteur(s). Le sujet parlant, source du processus, assure un *codage* du contenu à émettre, c'est-à-dire du référent; il est l'émetteur. Le destinataire effectue le *décodage* du message et identifie le référent; il est le récepteur. Le message doit être transmis dans le canal que constitue l'air, le livre, le fil téléphonique, au moyen d'un code, en l'occurrence d'un système de signes. Dans le canal peuvent se manifester divers bruits qui perturbent la transmission du message; le système de signe possède certaines caractéristiques, comme la redondance, qui permettent au récepteur de décoder correctement le message.

Dans cette optique théorique, ce sont exclusivement les caractéristiques apparentes du message, c'est-à-dire du comportement langagier, qui sont prises en considération; elles sont analysées par les techniques de la linguistique structurale, elles aussi exclusivement centrées sur les propriétés apparentes (les « structures de surface ») des énoncés. Le courant méthodologique auquel se rattache cette école est très clairement de type synchronique; la plupart des études réalisées à ce jour concernent le comportement langagier des adultes; les données recueillies ont trait essentiellement au taux d'information apporté au destinataire par chaque unité de surface, que celle-ci soit d'ordre phonétique, lexical ou syntagmatique.

La parution en 1957 du premier ouvrage important de linguistique générative, « Syntactic Structures » a donné naissance à une seconde école de psycholinguistique. Son but était — implicitement ou explicitement — de vérifier la réalité psychologique du modèle présenté dans cet ouvrage.

La linguistique générative s'est donné pour objet de rendre compte d'une caractéristique du comportement du sujet parlant fréquemment négligée par les courants structuralistes et « comportementalistes », *la créativité*. Selon Chomsky en effet, l'activité langagière du sujet consiste en la production d'une infinité d'actes de parole, infinité requise par le caractère lui-même infini du champ d'application du langage c'est-à-dire la pensée. Cette activité créatrice n'est possible que si le langage est une structure systématique, composée de règles de « génération ». Dans cette optique, le langage n'est plus conçu comme un objet concret, constitué de mots, de syntagmes ou autres unités de surface, mais comme un véritable objet formel; le rôle et la signification de chaque unité de surface ne peuvent être déterminés qu'en prenant en considération les rapports que ces unités entretiennent avec la forme linguistique sous-jacente. Les conduites langagières, qui constituent les structures de surface de la langue, ne sont analysables et explicables que par référence aux structures profondes, c'est-à-dire aux règles de génération.

La grammaire générative constitue une formalisation de ces règles susceptibles de générer toutes les phrases grammaticales d'une langue, et rien que les phrases grammaticales. Le modèle de 1957, se décompose en deux parties clairement distinctes; les règles de réécriture, qui génèrent une suite de formants appelée suite terminale, et les règles transformationnelles qui s'appliquent aux suites terminales et produisent les structures de surface. Le premier groupe de règles exprime les réseaux d'interdépendance entre les parties du discours : les fonctions syntaxiques du type « sujet de », « objet de », qui sont indépendantes du contexte; il constitue la structure profonde de tout énoncé. Le second groupe de règles convertit les suites terminales en phrases par une séquence d'opérations récursives; ce second type de règle est dépendant du contexte, et permet de rendre compte de la créativité du sujet parlant.

Le premier modèle de la grammaire générative constitue une sorte de *cadre syntaxique*, à l'intérieur duquel sont censées se dérouler les opérations de génération de phrases. Dans « Aspects de la théorie de la syntaxe », Chomsky adjoint au composant syntaxique les composants phonologiques et sémantiques. L'introduction de ce dernier composant a profondément modifié le modèle initial dans la mesure où les règles de projection qui le composent s'appliquent exclusivement à la structure profonde. L'interprétation sémantique (fonction attribuée au composant sémantique) s'effectuant uniquement à partir des règles de base, d'une part les règles transformationnelles perdent leur importance et leur signification psychologique, d'autre part, le cadre syntaxique profond devient en réalité sémantico-syntaxique. Ce second point a été développé par le courant post-chomskyen de Sémantique générative.

Les modèles successifs de la linguistique chomskyenne [2] sont définis par son auteur comme des modèles exprimant la compétence du sujet parlant, c'est-à-dire la capacité intrinsèque et idéale qu'il aurait de produire et de comprendre une infinité d'énoncés de sa langue. La performance effective du sujet, c'est-à-dire la réalisation, la compréhension, la mémorisation des énoncés met en jeu des facteurs non linguistiques d'ordre anatomique, physiologique, psychologique, etc. L'importance de la connaissance de la compétence pour la description et l'analyse de la performance n'a jamais été clairement précisée par Chomsky; certains textes affirment clairement que :

> Une grammaire générative n'est pas un modèle du locuteur ou de l'auditeur. Elle tente de caractériser de la façon la plus neutre la connaissance de la langue qui fournit sa base à la mise en acte effective du langage par le locuteur-auditeur (1964, p. 19).

D'autres citations paraissent bien plus radicales :

> La performance est la manière dont un locuteur ou un auditeur pourrait procéder d'une façon pratique et efficace pour construire... une génération (1964, p. 19).

Les psycholinguistes d'inspiration chomskyenne ont, semble-t-il, adopté la seconde conception de la performance; leur préoccupation a été de valider un modèle de compétence à l'aide de données psycholinguistiques (c'est-à-dire de données de performance) recueillies dans les deux cadres méthodologiques définis plus haut. Les études de type synchronique se sont surtout centrées sur le fonctionnement du langage chez l'adulte, celles du type diachronique, sur l'acquisition du langage chez l'enfant.

Nous ne nous attarderons guère à la démarche diachronique de la psycholinguistique chomskyenne, dont le représentant le plus connu est D. McNeill. Ce dernier s'est efforcé — souvent implicitement — de doter les

---

[2] Des premiers écrits de Chomsky (1955) à nos jours, il est possible en effet de distinguer au moins quatre conceptions notablement différentes.

règles formelles de génération d'un statut génétique, en faisant correspondre par exemple, certains stades de l'acquisition du langage décrits par Brown et Braine à la hiérarchie linguistique des degrés de grammaticalité.

L'hypothèse globale sous-jacente aux études de fonctionnement était la suivante : plus la structure de surface d'une phrase est différente de la structure profonde, c'est-à-dire plus élevé est le nombre de transformations nécessaires à la génération d'une phrase, plus compliqué sera le mécanisme performantiel et donc, plus la phrase sera difficile à retenir, comprendre et produire. Pour vérifier cette hypothèse, de nombreux travaux ont été entrepris, qui consistaient à comparer les difficultés de mémorisation, de compréhension, etc. de phrases simples et de phrases résultant de l'application d'une ou plusieurs transformations. Les premières données expérimentales, obtenues notamment par Miller & McKean, Savin & Perchonock, etc., confirmaient l'hypothèse transformationnelle. Très rapidement cependant, les psycholinguistes de cette école s'aperçurent qu'il n'existait pas de correspondance terme-à-terme entre la complexité transformationnelle et la complexité performantielle; la performance langagière du sujet dépend de la connaissance qu'il a de la situation mentionnée, de la valeur de vérité de la phrase, de sa longueur, etc., autant, sinon plus que de sa complexité transformationnelle.

Face à ces premiers résultats négatifs, les psycholinguistes d'inspiration chomskyenne ont adopté des attitudes diverses. Certains auteurs ont maintenu l'hypothèse forte selon laquelle les phénomènes performantiels s'expliquent essentiellement par la complexité de la structure linguistique sous-jacente; la non-correspondance stricte s'expliquant par les distorsions performantielles introduites dans la situation expérimentale (cf. à ce sujet Fodor & Garett, 1966). Cette position n'est guère soutenable; elle consiste à émettre une hypothèse sur la réalité de la compétence linguistique, à expérimenter sur des comportements, donc sur la performance du sujet, et à expliquer les résultats ne confirmant pas l'hypothèse par des distorsions performantielles. A cette attitude « forte », s'est opposée une position extrêmement faible qui nie l'importance de la structure profonde dans les mécanismes performantiels. V. Yngve (1960) et N.F. Johnson (1965) ont notamment affirmé que la production des phrases, leur perception et leur mémorisation pouvaient être expliquées en termes d'analyse structurale de la phrase en surface, c'est-à-dire ordonnée de gauche à droite. L'attitude la plus fréquente a consisté cependant à maintenir un certain modèle de compétence, et à formuler parallèlement des hypothèses sur la nature et le rôle de la performance. Certains auteurs ont par exemple émis l'hypothèse que le niveau de « performance » obtenu avec des phrases transformées dépendait de la fonction sémantique assumée par ces mêmes transformations (cf. Wason, 1965). Les représentants plus récents de cette tendance s'efforcent de proposer un véritable modèle de la performance langagière; ce modèle fait appel soit aux théories de la perception, soit à celles de l'organisation cognitive en général. Cette orientation constitue en réalité le troisième courant de psycholinguistique.

Le courant genevois, dans le cadre duquel ont été réalisés les travaux que nous allons présenter, est l'une des quelques variantes de cette troisième « vague » de psycholinguistique; son inspiration est à la fois linguistique et psychologique.

Sur le plan psychologique, elle a puisé dans l'œuvre de J. Piaget non seulement les données concernant l'acquisition du langage, mais encore et surtout les principes épistémologiques et leurs implications méthodologiques.

La position piagétienne se caractérise par la prise en considération de la dialectique sujet-objets aux divers niveaux de l'organisation vitale : cellulaire, embryogénétique, intellectuel, etc. A tous ces niveaux, les organismes vivants apparaissent non comme des répliques des objets ou du milieu en général, mais comme des systèmes d'actions et de réorganisations, transformant le milieu au lieu de le subir. De ce constat, Piaget infère que les deux termes de la connaissance, sujet et objet, sont liés par un troisième élément, l'activité du sujet qui régit les interactions entre organismes et milieu. L'être vivant présente une organisation qui, à la fois se conserve et évolue en assimilant les corps qui l'entourent, et en s'y accommodant. Le jeu de l'assimilation et de l'accommodation est réglé par un facteur (l'autorégulation) qui n'est — à proprement parler — ni héréditaire ni acquis et qui constitue le mécanisme le plus général des réactions organiques : tout être vivant compense activement les perturbations extérieures qu'il subit ou anticipe, selon la compétence de son niveau de développement. Cette conception de l'organisme actif, compensant — différemment selon son niveau de compétence — les perturbations du milieu définit le constructivisme piagétien. Ce principe, appliqué à la psychologie du développement, implique d'une part que les modifications du comportement résultent d'une interaction chaque fois renouvelée entre le sujet et les objets, et non d'une influence nouvelle du milieu sur le sujet, d'autre part, que les stades de développement ne constituent pas des états radicalement différents des états antérieurs, mais au contraire des réélaborations, des restructurations qualitatives des stades antérieurs.

La méthode proposée par Piaget sera donc nécessairement « génétique »; les mécanismes psychologiques essentiels ne peuvent être mis en évidence que si on étudie la genèse des comportements, et les caractéristiques structurales d'un stade de développement ne prennent leur véritable signification que lorsqu'on peut les comparer à celle des niveaux antérieurs et postérieurs.

En plus de l'étude de la genèse des comportements chez l'enfant, Piaget propose deux compléments méthodologiques à fonction heuristique. Le premier, qui constitue une variante de la démarche diachronique, consiste à étudier l'histoire de la pensée humaine, et singulièrement de la pensée scientifique, et à en dégager les tendances évolutives principales. Le second, d'inspiration plus structuraliste, réside dans l'utilisation de modèles logico-mathématiques destinés à formaliser les structures sous-jacentes aux comportements des sujets, et à suggérer de nouvelles hypothèses à vérifier expérimentalement.

Le langage et son acquisition ont été à plusieurs reprises abordés par Piaget (1946, 1964), dans le cadre du développement de la fonction sémiotique. Sous ce terme, il regroupe les divers systèmes de représentation (images, gestes, jeux, langage) qui apparaissent chez l'enfant dès la fin de la première année. Le langage constitue effectivement l'un des outils utilisés par l'homme pour reproduire, sur un plan nouveau, un comportement ou aspect de comportement. A ce titre, il partage avec les autres modes de représentation des propriétés structurales précises (notamment celles qui découlent de l'emploi de substituts), et constitue un instrument important — bien que non strictement nécessaire — du développement cognitif.

L'école de psycholinguistique genevoise [3] s'est inspirée des données recueillies par Piaget sur l'acquisition du langage, et surtout des principes de la méthodologie et de l'épistémologie piagétienne. Une méthode génétique d'étude des comportements langagiers a été créée et développée; l'école genevoise s'est efforcée de faire appel aux données historiques, et a utilisé les axiomatisations linguistiques disponibles, qu'il s'agisse des modèles génératifs ou d'élaborations plus récentes comme les théories de l'énonciation.

Si la fonction de représentation assumée par le langage est évidente, de même que les liens qu'entretiennent entre eux les divers types de conduite sémiotique, il n'en demeure pas moins que le système des signes langagiers présente des caractéristiques spécifiques, tant sur le plan fonctionnel que sur le plan structural. Mode de représentation, le langage est aussi un code de communication, et son importance dans les échanges sociaux n'est plus à démontrer. Sur le plan de la structure même du code langagier, les caractéristiques spécifiques des substituts (théorie du signe de Saussure), celles des structures morpho-syntaxiques, phonologiques ou encore énonciatives ont été longuement analysées par les écoles successives de linguistique synchronique.

Un des premiers objectifs de l'école genevoise a donc été de différencier les domaines du langage pour lesquels les processus d'acquisition pouvaient s'analyser dans le seul cadre général du développement opératoire du sujet, et ceux dont l'analyse requérait en outre une investigation plus spécifiquement linguistique.

Les premiers travaux de H. Sinclair (1967), confirmés indirectement par ceux de E. Clarck (1970), ont démontré que les sous-classes lexicales désignant les opérateurs logiques essentiels (*plus* ou *moins* par exemple),

---

[3] Nous renvoyons le lecteur à la bibliographie pour les différents travaux de cette école.

où des quantificateurs n'étaient correctement manipulées par les enfants que lorsque le comportement du sujet attestait que les « notions » cognitives correspondantes étaient elles-mêmes comprises et maîtrisées. L'acquisition par l'enfant de ces unités linguistiques pourrait donc s'expliquer par référence directe au développement opératoire.

En ce qui concerne l'analyse de l'acquisition des structures morphosyntaxiques, cette seule référence s'est cependant révélée insuffisante. De très nombreuses recherches entreprises notamment à Genève ont démontré les difficultés souvent inattendues que posent aux enfants les structures de subordination (relatives, temporelles...), la pronominalisation, ou encore les modifications de l'ordre fondamental dans les phrases simples. Ces structures morphosyntaxiques varient en nombre et en complexité dans les diverses langues naturelles, de même semble-t-il que l'organisation des significations qu'elles véhiculent. Les travaux de psycholinguistique comparative ont démontré que ces variations structurales provoquaient des variations dans le timing et l'ordre d'acquisition chez l'enfant. Alors que le développement cognitif apparaît comme universel et relativement indépendant du « modèle culturel » proposé à l'enfant [4], l'acquisition du langage paraît au contraire dépendre du modèle que constitue la langue maternelle. Le problème qui se pose dès lors est celui de l'importance relative du modèle langagier et de ses structures spécifiques d'une part, des instruments intellectuels à la disposition du sujet d'autre part, dans l'acquisition du langage par l'enfant.

Les recherches de psycholinguistique qui se développent actuellement devraient permettre, à terme, de dresser un bilan assez détaillé des étapes de l'acquisition des structures syntaxiques les plus importantes dans des langues comme le français ou l'anglais. L'analyse des erreurs, tâtonnements et procédures diverses utilisées par les enfants lors de ces étapes d'acquisition, jointe aux données des études comparatives devrait permettre de définir d'éventuelles stratégies universelles d'acquisition de la langue, et de déterminer quelle est la complexité procédurale requise par telle ou telle structure syntaxique d'une langue donnée; elle devrait permettre également de distinguer les niveaux successifs d'élaboration des significations sous-jacentes aux structures (notions de temps, durée, relation temporelle par exemple) et ceux de la maîtrise des structures elles-mêmes. Les stratégies universelles au sujet desquelles certaines hypothèses précises ont été émises (cf. notamment Sinclair & Bronckart, 1972) seraient, *par définition*, des stratégies cognitives générales, même si elles présentent des caractéristiques différentes de celles décrites à ce jour par la psychologie, notamment piagétienne.

---

[4] De nombreuses recherches interculturelles ont démontré que, même si la vitesse d'acquisition d'une notion peut varier en fonction de différences culturelles globales, les opérations cognitives restent essentiellement les mêmes; (Bovet, 1970, Dasen, 1970).

La distinction entre le niveau des stratégies cognitives générales mises en œuvre au cours de l'acquisition du langage et les stades mêmes de cette acquisition définis en termes de structures (ou grammaires) correspond à la distinction faite récemment par Piaget (1971) entre les « mécanismes régulateurs ou organisateurs » généraux et les « opérations et préopérations logico-mathématiques ». Cette double distinction nous paraît entraîner trois considérations essentielles.

1. La psycholinguistique génétique constitue au même titre que l'étude du développement de la mémoire, des perceptions, de l'intelligence, un moyen d'étudier les mécanismes organisateurs généraux des comportements du sujet; les conduites langagières constituent l'un des groupes de comportements les plus spécifiques et importants de l'espèce; leur étude ne peut donc — à terme — manquer de fournir des indications importantes sur le mode de fonctionnement de la conduite humaine.

2. Le niveau des mécanismes organisateurs généraux, ou mécanismes cognitifs, serait à la fois plus général et plus fonctionnel que les niveaux structuraux de l'intelligence (ou des opérations), du langage, de la mémoire, etc.

3. La problématique classique des relations entre langage et pensée se trouve renouvelée par cette approche; le langage peut être mis en relation, soit avec le domaine cognitif général (cf. 1), soit avec les domaines structuraux et notamment l'intelligence. A ce second niveau, l'étude de l'influence réciproque du développement de l'intelligence et du langage pourrait prendre deux directions : *a*) parmi les conduites représentatives, part intégrante de l'intelligence humaine, le langage joue-t-il un rôle particulier en raison de ses caractéristiques structurales spécifiques ? *b*) quel est l'impact sur la communication sociale de l'apparition dans l'espèce humaine de conduites communicatives basées sur la représentation ?

Les quelques problèmes que nous venons d'évoquer ne sont guère à la portée de la psycholinguistique contemporaine. Cette dernière, en effet, n'est pas encore en mesure — fût-ce pour une seule langue — de décrire les états successifs de la grammaire de l'enfant; elle est bien plus éloignée encore de la description des stratégies d'acquisition les plus importantes.

Les recherches qui vont suivre constituent une tentative de décrire l'acquisition des marques de surface et des significations d'une des structures morpho-syntaxiques du français, et d'appréhender les procédures utilisées par l'enfant au cours des étapes successives de cette acquisition.

Les flexions de la racine verbale — appelées en français temps du verbe — sont, dans la plupart des langues naturelles, organisées en structures morpho-syntaxiques relativement complexes; les significations qu'elles véhiculent varient elles aussi en fonction des systèmes linguistiques. Pour simplifier provisoirement notre problème, considérons qu'en français, la marque « temps du verbe » (« -ait », « -era », « a-é », etc.) a pour fonction essentielle d'indiquer une relation temporelle (antériorité, simultanéité, etc.). Alors que les principaux « temps du verbe » sont produits couramment par l'enfant dès 2 ou 3 ans, E. Ferreiro a démontré (1971) que jusqu'à 7 ans environ, les relations temporelles (significations) sont exprimées par d'autres marques de surface. La question qui se pose dès lors est celle de la fonction des marques « temps du verbe » dans le langage des jeunes enfants.

Les recherches que nous allons présenter tentent de répondre à cette question. L'hypothèse générale du travail est que les enfants utilisent la marque « temps du verbe » pour exprimer les caractéristiques *aspectuelles* de l'action (hypothèse formulée par Ferreiro, 1971). Le terme « aspect » est « employé en linguistique pour désigner un ensemble complexe de phénomènes qui, tous, concernent la manière dont le procès, c'est-à-dire l'action au sens large... est exprimée par un verbe... L'aspect se distingue ainsi du temps, qui situe le procès par rapport à un repère chronologique... » (Culioli, Encyclopédie Alpha). Cette définition, pour éclairante qu'elle soit, n'épuise cependant pas la complexité du phénomène aspectuel. Un premier chapitre de ce travail sera consacré à l'analyse linguistique (synchronique comme diachronique) de la notion d'aspect. Un second chapitre tentera de résumer les faits saillants de l'acquisition des « notions » et marques temporelles. Les chapitres ultérieurs enfin, seront consacrés à la présentation des expériences réalisées pour vérifier notre hypothèse de départ, et à l'analyse des résultats obtenus.

CHAPITRE I

LES NOTIONS D'ASPECT ET DE TEMPS EN LINGUISTIQUE SYNCHRONIQUE ET DIACHRONIQUE

A. LES CATEGORIES GRAMMATICALES DE L'ASPECT ET DU TEMPS

Depuis l'antiquité, les grammairiens ont reconnu — le plus souvent implicitement — l'existence d'une *catégorie aspectuelle*, dont le statut, au cours des siècles et du développement des théories du langage, a subi de nombreuses vicissitudes. Tantôt étroitement liée et dépendante de la catégorie du temps, tantôt soigneusement dissociée de celle-ci, elle est restée jusqu'à notre époque, obscure et indéfinie, ainsi qu'en témoigne l'abondance des définitions proposées.

Selon J. Lyons (1970), le terme même d'« aspect » a été créé pour rendre compte de certaines oppositions exprimées par les flexions des verbes dans les langues slaves. En russe par exemple, certaines oppositions flexionnelles sont utilisées pour indiquer l'achèvement ou l'inachèvement d'une action. Les phrases (1) et (2) seront toutes deux traduites en français par la phrase (3); la phrase (1) indique néanmoins que l'action a été achevée,

(1) Ia prochital roman.
(2) Ia chital roman.
(3) J'ai lu un roman.

c'est-à-dire que le roman a été lu complètement, alors que la phrase (2) exprime l'inachèvement de l'action. C'est cette expression par la forme verbale d'une caractéristique de l'action (en l'occurrence l'achèvement) qui définit la catégorie aspectuelle.

1. *Evolution historique de la notion d'aspect*

L'étude de l'aspect est en réalité indissociable de l'étude même des formes verbales. Les grammairiens grecs opposaient le nom, muni d'une flexion casuelle, au verbe, défini par sa flexion de temps. Les flexions de temps étaient analysées, par Appolonios Dyskolos notamment, en terme de marques de surface se distribuant selon deux paramètres fonctionnels; une distinction temporelle présent-passé, et deux oppositions aspectuelles; défini-indéfini, et achevé-étendu (cf. tableau 1). De nombreux autres systèmes d'organisation des marques temporelles ont été proposés au cours de l'antiquité; tous cependant prenaient en considération le paramètre temporel et le paramètre aspectuel.

Tableau 1
La distribution des flexions verbales en fonctions des paramètres aspectuels et temporels, selon Appolonios Dyskolos (tiré de Holt, 1943)

TEMPS	ASPECTS		
	Définis		Indéfinis
	Etendu	Achevé	
Présent	*Présent* *	*Parfait*	*Futur*
Passé	*Imparfait*	*Plus-que-parfait*	*Aoriste*

* Pour différencier la flexion verbale (*Imparfait* par exemple) de sa signification (en l'occurrence, temps passé, aspect défini-étendu), le nom de la flexion sera toujours présenté en italique.

Ce tableau-type de la distribution des flexions verbales subira un changement très important avec les grammairiens latins; l'*aoriste* n'ayant pas de correspondant dans la langue latine, le *futur*, désormais isolé dans la rubrique des marques indéfinies, a été considéré comme une marque dépendante du temps futur. Le paramètre temporel se décompose dès lors en Présent-Passé-Futur, et le paramètre aspectuel en étendu (ou inachevé) — achevé. Cette analyse des flexions verbales a prévalu chez la plupart des grammairiens de Varron à la fin du XIXe siècle.

Ce n'est qu'au début du XXe siècle, sous l'impulsion de la linguistique historique allemande, que l'analyse de la catégorie aspectuelle a été renouvelée en profondeur. Alors qu'à la même époque A. Meillet par exemple (1921) se limitait à la distinction classique achevé-inachevé, W. Porzig (1927) et E. Hermann (1927) ont introduit la dimension de subjectivité dans l'analyse de l'aspect. Porzig, le premier, distingue l'« action », (aktionsart) qui concerne la façon dont un procès se déroule, de l'« aspect » qui exprime les points de vue sous lesquels on envisage le procès. Hermann parlera plus simplement d'aspects objectifs et subjectifs. L'opposition entre *aoriste* et *imparfait* en grec ancien exprimerait l'attitude subjective du locuteur face à un procès, celui-ci pouvant être décrit comme « cursif » (emploi de l'*imparfait*), ou au contraire comme « complexif » (emploi de l'*aoriste*). Dans la même langue, l'opposition entre le *présent* et le *parfait* pourrait exprimer la différence objective entre procès duratifs (qui durent) et non-duratifs.

E. Koschmieder (1929) est l'un des premiers linguistes à renoncer à la distinction nette entre dimension temporelle et aspectuelle. Pour lui, ce que l'on appelle ordinairement aspect et temps ne sont que les deux faces d'une même réalité, la « relation temporelle » (Zeitbezug). Les flexions verbales seraient donc toujours porteuses d'une même signification (la « relation temporelle »), celle-ci prenant soit la valeur de placement temporel, soit celle de direction temporelle. Dans le premier cas, le procès est placé en position antérieure, postérieure ou simultanée par rapport au sujet parlant : ce « placement temporel » correspond à la notion habituelle de temps en linguistique. Dans le second cas, le procès est mis en rapport avec son actant propre, lequel est envisagé dans son mouvement sur l'axe des temps par rapport au procès. Si le mouvement est dirigé du passé vers l'avenir, le procès aura une direction temporelle achevée; s'il est orienté de l'avenir vers le passé, il coïncide avec le procès, et le placement temporel sera inachevé. Selon Koschmieder, la combinaison des deux valeurs de la relation temporelle suffit à expliquer le système des flexions verbales de toute langue.

L'école française de « Psychomécanique du langage » a développé une théorie de l'aspect et du temps proche de celle de Koschmieder. A Sechehaye (1926), mais surtout G. Guillaume (1929, 1945) et ses successeurs ont développé un système théorique dans lequel toute marque temporelle (flexion verbale) se caractérise par sa position et sa composition. La position lie le moment de l'action au moment de l'énonciation; elle constitue l'équivalent strict de la notion de placement temporel ou plus simplement de temps. La notion de composition fait référence à une réalité beaucoup plus complexe; selon Séchehaye, il s'agit d'une présentation de l'événement, destinée à en fournir « une certaine image ». Cette présentation qui s'effectue sans point de référence fixe, combine essentiellement les valeurs aspectuelles classiques de durée et d'achèvement, ou plus précisément, la saisie intuitive de ces valeurs par le sujet.

Parallèlement à ces analyses systématiques des phénomènes aspectuels, on dispose, depuis la seconde moitié du XIXe siècle, d'une multitude de travaux — plus ou moins complets — effectués dans le cadre de l'étude diachronique d'une langue ou d'un groupe de langues. Très nombreux sont les auteurs qui insistent sur l'importance de la durée de l'action (aspect duratif); d'autres introduisent les oppositions perfectif-imperfectif, fréquentatif-sémelfactif, conclusif-non conclusif, accompli-inaccompli, etc. Il faut noter en outre que si les théories classiques ne retiennent comme mode d'expression (marque de surface) des notions aspectuelles que les flexions verbales, certains de ces auteurs incluent aussi le lexème verbal lui-même (et sa signification intrinsèque). R. Lucot par exemple, définit la catégorie aspectuelle par « le rapport qu'une notion verbale entretient avec l'idée de durée : on dira ainsi que *regarder* est d'aspect duratif, tandis qu'*apercevoir* est d'aspect momentané ou ponctuel » (1956, p. 447).

Nous reviendrons ultérieurement sur ce problème des formes aspectuelles.

2. *La fonction aspectuelle*

Il ne nous a pas été possible jusqu'ici de définir de manière claire et univoque la notion ou fonction d'aspect; il existe, en effet, plusieurs sous-classes de significations dont O. Jespersen (1965) a dressé l'inventaire :

— Une distinction de rythme du récit (« tempo distinction »), exprimée classiquement par l'opposition *aoriste - imparfait*. En français, par exemple, le narrateur peut choisir d'utiliser le *passé-simple* ou *l'imparfait* en fonction de l'importance qu'il accorde aux événements mentionnés dans le récit :

The imperfect is lento and the aorist allegro, or perhaps we should say ritartando and accelerando respectively (Jespersen, 1965, p. 276).

— Une distinction entre verbes perfectifs (ou conclusifs) et imperfectifs (non conclusifs). Selon F. Diez (1876), les verbes imperfectifs dénotent une activité qui n'est pas entreprise dans le but d'être terminée, tandis que les perfectifs indiquent un moment précis de l'action, ou impliquent un but final.

— Une distinction entre duratif ou permanent, et ponctuel ou transitoire.

— Une distinction entre accompli et inaccompli (ou achevé-inachevé). L'aspect accompli renvoie à une action terminée au moment de son énonciation par le sujet; l'inaccompli renvoie à une action inachevée au moment de l'énonciation.

— Une distinction entre actions ou événements qui se produisent une seule fois, et ceux qui sont répétés ou habituels. On parlera d'aspect sémelfactif dans le premier cas, d'itératif, répétitif ou fréquentatif dans le second.

— Une distinction entre état et processus (verbes d'état et verbes d'action).

— Une distinction entre actions réussies ou échouées, c'est-à-dire entre actions pour lesquelles le résultat projeté ou escompté est atteint ou non.

L'inventaire de Jespersen peut être considéré comme exhaustif; il reste cependant insatisfaisant dans la mesure où il n'est accompagné d'aucune proposition d'organisation systématique des significations aspectuelles; aux caractéristiques objectives de l'action (durée, état d'achèvement) s'adjoignent les nuances subjectives du choix du rythme du récit, ou de présentation personnelle des événements. Toute étude d'ensemble qui voudrait éviter le recours systématique à l'introspection et les débordements pseudo-philosophiques (cf. G. Guillaume) se doit donc d'élaborer une théorie du *sujet* et de son rôle dans l'énonciation. Les premiers pas dans cette direction ont été accomplis par E. Benveniste, dont l'ébauche de théorie de l'énonciation a été développée par A. Culioli.

Se présentant comme continuateur de l'œuvre de Saussure, Benvéniste définit le langage comme un système de signes qui se rapportent à des *objets* particuliers ou généraux faisant partie de l'expérience du sujet. A ce premier système, il ajoute cependant un second, constitué par les phrases, qui réfèrent non plus à des objets, mais à des *situations* concrètes et spécifiques, nécessairement incluses dans la relation de prédication. Le langage disposerait donc de deux « modes de signifiance »; le mode sémiotique, propre au signe linguistique, unité de la langue considérée comme structure formelle, et le mode sémantique, engendré par le discours, dont l'unité est la phrase, porteuse d'un message.

L'étude du mode sémantique se confond avec celle du processus d'énonciation, c'est-à-dire de la « mise en fonctionnement de la langue par un acte individuel d'utilisation » (1970, p. 12). L'énonciation est donc envisagée comme conduite, un ensemble d'opérations impliquant un sujet utilisant sa langue comme instrument; sur le plan linguistique, on qualifiera alors d'énonciatives, les structures déterminées par la relation que le locuteur entretient avec sa langue.

L'analyse du processus d'énonciation implique donc que l'on introduise comme paramètres, le sujet parlant, la réalité à laquelle on réfère, et la situation de discours (un allocuteur réel ou imaginaire). L'énonciation elle-même est un procédé d'appropriation de l'appareil formel de la langue par le sujet parlant; celui-ci indique sa position de locuteur par des indices linguistiques spécifiques (structures énonciatives) et par d'autres procédés accessoires. Parmi les structures énonciatives, Benveniste mentionne le système pronominal (je-tu-il), qui indique la relation existant entre le sujet locuteur et le sujet de l'action référée, le système d'ostension (ce, ici, là...) qui précise les relations spatiales entre les objets référés et les interlocuteurs, et enfin, le système de flexion des marques temporelles.

Le système des flexions de temps a pour fonction d'indiquer les relations existant entre le (ou les) moment(s) de réalisation des événements ou états décrits et le moment de l'énonciation. La relation temporelle de simultanéité implique une coïncidence globale entre le moment de l'événement considéré dans son ensemble, et le moment de l'énonciation. Les relations temporelles d'antériorité et de postériorité impliquent au contraire une non coïncidence de ces deux moments. Le système aspectuel consisterait dans cette optique à mettre en relation le moment de l'énonciation avec celui d'une partie, d'un « aspect » de l'action (départ, arrivée, déroulement, résultat, durée, etc.). Si l'on excepte l'article sur le système des temps en français (1966), Benvéniste n'a pas développé l'étude des phénomènes aspectuels; ceux-ci ont au contraire été analysés en profondeur par A. Culioli.

La théorie de la lexis élaborée par A. Culioli constitue une tentative d'intégrer dans une grammaire « générative » les structures énonciatives, et par conséquent le sujet parlant et ses opérations. Pour une description explicite de cette théorie, nous renvoyons le lecteur à la thèse de C. Fuchs. Nous nous limiterons à la présentation des quelques principes indispensables à la bonne compréhension de l'analyse des phénomènes aspectuels.

Sur le plan méthodologique, Culioli renonce d'une part à l'emploi de l'introspection, d'autre part à la généralisation abusive sur la base de l'analyse d'une seule langue naturelle. Il propose une démarche en deux temps : d'abord, sélectionner un échantillon représentatif des diverses langues naturelles en fonctionnement, et en analyser les structures morpho-syntaxiques afin de définir un niveau profond réellement universel de « notions », c'est-à-dire de significations exprimées ou exprimables par toute langue. Ensuite, à partir de ce niveau profond, définir et formaliser les opérations que pourrait effectuer le sujet pour produire un énoncé dans une langue naturelle précise. Dans l'état actuel de la théorie, le niveau profond se compose d'unités non linguistiques, organisées en un système de relations dites « primitives ». Il s'agit là en réalité de tout l'univers conceptuel du sujet, avec ses caractéristiques universelles, mais aussi sociales et individuelles, à savoir les classes d'objets (concrets ou formels), d'actions et leurs relations de compatibilité, proximité, etc. Ces unités prélangagières deviennent linguistiques lorsque, par des opérations dites d'instanciation, elles sont insérées dans une suite linéaire, qui définit un prédicat et ses arguments (relation prédicative). A ce niveau, nous sommes en présence d'une « expression langagière », qui ne deviendra énoncé que lorsque le sujet parlant se la sera appropriée. On distingue trois types d'opérations d'appropriation (ou d'assertion); celles qui portent sur les arguments, celles qui concernent le prédicat, et enfin celles qui ne s'appliquent qu'à l'ensemble de la relation prédicative. L'énoncé ainsi généré est un énoncé universel-type; pour être réalisé en phrases d'une langue naturelle, il devra passer dans un « filtre transformationnel », qui, à chaque notion, relation ou opération, fera correspondre une structure lexicale ou morpho-syntaxique spécifique.

En ce qui concerne l'aspect, sur la base de l'analyse de marques morpho-syntaxiques pertinentes dans diverses langues, Culioli propose une « théorie » de l'aspect, dont nous ne retiendrons que les éléments saillants (cf. Fuchs, 1971 pour de plus amples détails).

Les aspects habituellement étudiés par les linguistes (cf. la classification de Jespersen) constituent en réalité deux classes de signifiés bien distinctes. La première comprend les oppositions entre état et processus d'une part (« être » et « avoir » par exemple), entre processus perfectifs et imperfectifs d'autre part (« chercher » et « trouver »). Ces oppositions sont définissables au niveau le plus profond; elles résultent de l'organisation des événements et états en relations primitives, et à ce titre font partie de l'expérience extralinguistique du sujet. Le sujet connaît en effet les actions qui sont entreprises en vue d'obtenir un résultat et celles qui ne peuvent consister qu'en un déroulement. Cette première classe de signifiés sera qualifiée d'aspect au sens large. La seconde classe comprend les signifiés aspectuels impliquant une opération énonciative sur le prédicat. Culioli les qualifie d'aspects au sens strict, et les analyse en s'aidant d'un schématisme topologique. Pour lui, tout procès p, c'est-à-dire toute action ou événement peut être considéré comme un intervalle, selon un schéma de dilatation (cf. fig. 1) muni d'une borne initiale et d'une borne terminale.

Assigner à un procès p une marque aspectuelle consiste tout d'abord à choisir un *intervalle de base* (soit un moment du déroulement de *p*, soit *p* tout entier considéré comme un intervalle dilaté). Les différents moments de déroulement du procès sont m1 (avant le début du procès), m2 (le début du procès), m3 (pendant le procès), m4 (la fin du procès) et m5 (après la fin du procès). Les réalisations de surface correspondant à ces différents m sont en général des auxiliaires (cf. infra pour le français). A son tour, chacun des m peut être dilaté en un intervalle dérivé (cf. fig. 1). On dispose de la sorte, en ce qui concerne le moment de déroulement du procès, d'un intervalle de base, éventuellement accompagné d'un intervalle dérivé.

Cet intervalle de base peut être présenté par le sujet parlant soit comme *inaccompli* (AC—) c'est-à-dire en cours d'accomplissement, soit comme *accompli* (AC+) c'est-à-dire en tant que résultat, produit stabilisé du procès, soit encore comme accomplissement total (AC*) c'est-à-dire en tant que procès envisagé dans sa totalité; début, accomplissement et fin.

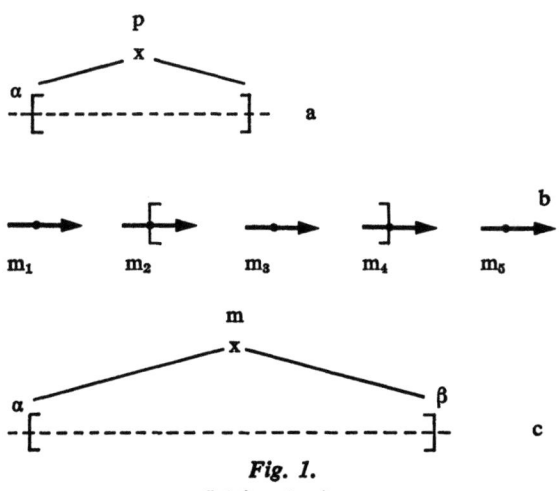

Fig. 1.
Schématisation:
a: l'intervalle de dilatation;
b: les 5 moments de déroulement du procès;
c: l'intervalle dérivé.

L'aspect au sens strict de la théorie de la lexis est donc envisageable de deux points de vue; le moment de déroulement du procès et le degré d'accomplissement du procès.

La relation temporelle (signifié temps) se définit par le rapport entre le moment de l'énonciation et celui de l'événement dans son ensemble; elle est le produit du troisième type d'opération énonciative, celle qui porte sur la totalité de la relation prédicative.

Cette organisation des notions aspectuelles et temporelles se distingue des élaborations antérieures sur deux points essentiels. Tout d'abord, si l'hypothèse d'un continuum entre notions aspectuelles et temporelles n'est pas réellement nouvelle (cf. Koschmieder), l'analyse de Culioli présente l'originalité d'introduire une différence beaucoup plus grande entre les deux classes de notions aspectuelles (le sens strict et le sens large), qu'entre l'une de ces classes et le signifié temporel. L'aspect au sens large se définit au niveau des notions profondes alors que le temps comme l'aspect au sens strict procèdent d'opérations énonciatives. En second lieu, les théories de l'énonciation n'accordent aucun statut aux paramètres habituellement rassemblés sous le terme d'ordre du procès (oppositions duratif-ponctuel, itératif-sémelfactif, succès-échec, etc.).

Sur la base de ces diverses analyses, il nous semble possible de regrouper les notions ou fonctions aspectuelles en trois classes :

1. Les oppositions entre état et processus d'une part, processus perfectifs et imperfectifs d'autre part. Ces deux notions nous paraissent étroitement liées à la connaissance qu'a le sujet de la nature même de l'action ou de l'être.

2. Les oppositions duratif-ponctuel, itératif-sémelfactif, etc., c'est-à-dire les divers ordres du procès. Ces paramètres ne sont pertinents que dans le cas des processus perfectifs; ils sont déterminés par des caractéristiques objectives de l'action (durée par exemple), mais laissent place à l'appréciation du sujet parlant.

3. L'opposition accompli-inaccompli et la distinction du rythme du récit. Ces deux notions peuvent être considérées comme indépendantes de la nature même de l'action; c'est le choix du sujet, sa présentation de ou des événements qui est déterminant.

La notion ou fonction de temps paraît plus simple. Elle consiste à situer l'ensemble du procès mentionné par rapport au moment de l'énonciation ou au moment d'un autre procès, ou encore à l'en détacher.

Souvent, les linguistes ont distingué aspect et temps en affirmant que les relations temporelles s'élaborent autour d'un point fixe, qui, en dernier ressort, est le moment de l'énonciation, alors que l'aspect se caractérise par l'absence de référence extrinsèque. Pour C.F. Hockett notamment, l'aspect concerne « la distribution des contours temporels d'une action, d'un événement ou d'un état de chose, plutôt que sa localisation dans le temps » (1958).

Ce type de distinction est séduisant, dans la mesure où il est aisé de représenter les relations temporelles sur un axe continu, muni d'un point fixe constitué par le moment d'énonciation, alors qu'il est bien plus difficile de proposer une telle schématisation pour les nuances aspectuelles. Il s'agit là néanmoins d'une présentation trop abrupte. L'aspect, au sens strict, exige un point de référence minimal; le choix d'une caractéristique de l'action suppose au moins l'existence d'une relation déïctique entre énonciateur et énoncé. En ce qui concerne le temps, le sujet parlant dispose d'une certaine liberté par rapport au point de référence que constitue le « nunc », cette liberté se traduisant notamment par l'emploi de *présent historique* (« Nous nous promenions; l'orage éclate » ou du *futur immédiat* (« J'arrive de suite »). La différence entre aspect et temps procède donc moins de la présence ou de l'absence d'un point de référence, que des caractéristiques mêmes de cette référence; pour le temps, la référence est généralement objective, pour l'aspect, lorsqu'il y a utilisation de la référence, celle-ci est toujours subjective.

3. *Les catégories grammaticales d'aspect et de temps*

Le terme de catégorie grammaticale désigne un être hybride, issu de l'assimilation par les premiers grammairiens occidentaux de certaines classes définissables par leurs caractéristiques grammaticales apparentes (nom, verbe, etc.) à des catégories logiques, sémantiques ou fonctionnelles. La désignation actuelle de ces catégories fait référence soit à des caractéristiques formelles (syntagme nominal, verbe, etc.) soit à des systèmes fonctionnels ou sémantiques (temps, modalités, déterminants). La catégorie grammaticale pourrait se définir de manière générale par l'existence d'une correspondance entre une classe de formes et une classe de fonctions (notions). Dans les cas les plus favorables, la correspondance entre les deux classes est claire et stable; dans d'autres, le caractère d'intersection hybride de la catégorie apparaît plus nettement. Ainsi en est-il du temps et de l'aspect.

Les linguistes s'accordent à reconnaître à la notion temporelle une forme d'expression privilégiée, la modification du verbe par flexion ou introduction d'auxiliaire, et des formes secondaires comme les adverbes, locutions et conjonctions. En analysant la fonction assumée par ces marques de surface dans diverses langues naturelles, on peut élaborer un inventaire des notions temporelles exprimables, c'est-à-dire un système des relations temporelles qui, classiquement, se décompose en 7 ou 9 rubriques. Le problème se complique cependant lorsqu'on constate que, d'une part, pour certains temps clairement définis dans le système notionnel idéal, aucun marqueur spécifique n'existe dans une langue donnée, alors qu'il en existe plusieurs dans une langue voisine, que d'autre part, certaines marques du temps indiquent aussi « autre chose » (l'aspect ou le mode par exemple), qu'enfin des marques de même origine (praeterit anglais et français par exemple) peuvent assumer une fonction temporelle dans une langue, une fonction plutôt aspectuelle dans l'autre. Le décalage entre la notion temporelle et ses modes d'expression est donc souvent important. Il l'est bien plus encore dans la catégorie aspectuelle, dont le substrat notionnel présente moins de clarté que celui de la catégorie temporelle.

Pour les linguistes « comparatifs », l'analyse des formes aspectuelles se limitait généralement à celle des flexions verbales, bien que, très fréquemment, la signification même du lexème verbal ait été implicitement prise en considération. Comme pour le temps, les marques privilégiées de l'aspect sont situées au niveau du verbe. Certains auteurs (A. Wierczbicka, 1967, A.M. Léonard, 1973) tentent de repérer les marques aspectuelles à d'autres endroits dans la phrase; ils prennent en considération les adverbes, certains compléments et même les co-relations existant entre les marques grammaticales et lexicales.

B. L'EVOLUTION HISTORIQUE DES CATEGORIES D'ASPECT ET DE TEMPS

La linguistique historique dans son ensemble (cf. p. 14) s'accorde à penser que l'indo-européen, comme le grec ancien se caractérisaient par une prédominance nette de la catégorie aspectuelle au détriment de la catégorie de temps. Or, dans les systèmes actuels issus de ces langues (à l'exception cependant des langues slaves), l'expression des nuances aspectuelles semble délaissée au profit de celle des relations temporelles. L'hypothèse d'une évolution historique générale tendant à remplacer l'aspect par le temps a donc naturellement vu le jour, dans le cadre de trois conceptions théoriques principales.

Un premier groupe de linguistes soulignent le caractère vectionnel de l'évolution de ces deux catégories (toujours évolution de l'aspect vers le temps), et l'explique par une modification progressive des « attitudes psychologiques » des locuteurs, attitudes elles-mêmes éventuellement dépendantes des variations du cadre socio-économique. Dans cette optique, la richesse aspectuelle du grec ancien serait la conséquence directe du tempérament intuitif du peuple grec; celui-ci, selon H. Humbert, « ne s'est jamais soucié d'exprimer des rapports abstraits; il cherche au contraire à présenter les modalités de l'action dans son devenir et par rapport à celui qui agit. Le grec est sensible à l'aspect parce que celui-ci est concret et subjectif » (1960, p. 134). De la même manière, W.J. Entwistle explique l'importance de l'aspect dans les langues slaves par une attitude de l'esprit, attribuant plus d'importance aux caractéristiques de réalisation de l'action qu'aux références à l'avenir, au présent ou au passé. Cette attitude serait elle-même la conséquence des préoccupations essentiellement agricoles de la plupart des slaves (1953, p. 86). Ce mode d'analyse qui consiste à expliquer les caractéristiques grammaticales d'une langue par les traits psychologiques présumés des locuteurs, ne repose sur aucun faisceau de données linguistiques, psychologiques ou économiques sérieuses. Nous lui préférerons les analyses « reconstructivistes » de J. Kurylowicz.

L'évolution des langues obéit, selon Kurylowicz, au principe général suivant : à toute catégorie grammaticale correspond une fonction sémantique primaire (« s » anglais indiquant le pluriel). Cette fonction primaire peut elle-même engendrer deux fonctions secondaires, l'une sémantique, l'autre syntaxique. Dans la phrase "Apes are intelligent animals", le « s » de "apes" fait référence à l'ensemble de l'espèce plutôt qu'à un nombre donné d'individus; il s'agit là d'une fonction sémantique secondaire. Le « s » de "animals" indique quant à lui la relation de subordination entre « animals » et « apes » et remplit ainsi une fonction secondaire.

Dans le système des flexions verbales, Kurylowicz distingue trois fonctions sémantiques primaires : l'aspect, qui est défini au niveau de la représentation symbolique, le temps, considéré uniquement comme une représentation déictique, et le mode, qui appartient au plan de l'expression. Le tableau 2 propose un schéma des relations entre fonctions aspectuelles et temporelles primaires.

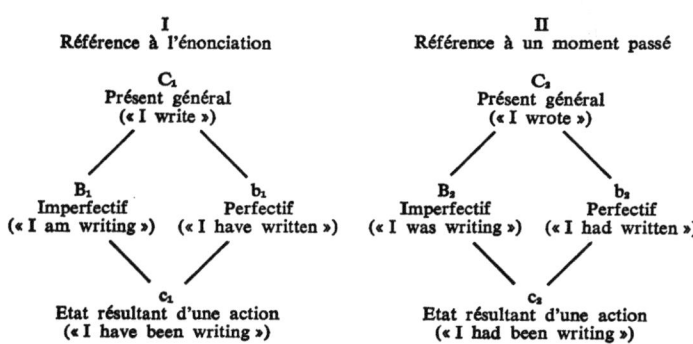

Tableau 2
Schéma des relations entre temps et aspect selon J. Kurylowicz

En ce qui concerne l'aspect, le passage de la fonction sémantique primaire à la fonction syntactique secondaire est évident : toute flexion verbale à fonction aspectuelle peut s'inscrire dans le cadre de la concordance des temps c'est-à-dire de relations syntaxiques de subordination. L'évolution des fonctions sémantiques est plus complexe; elle s'effectuerait systématiquement par le déplacement de B et c (cf. tableau 2) dans les zones C et b respectivement. Selon ce principe, dans les langues où B et C sont des formes distinctes, la forme de B aura tendance à être utilisée dans la fonction de C; il en va de même pour b et c. C'est ainsi qu'en romanche, par exemple, une forme nouvelle, « habéo dictum » (c) a été créée parallèlement à

« dixi » (b). Au cours de l'histoire du français, l'héritière de la première (j'ai dit) a progressivement pris la place de la seconde (je dis) qui a disparu de la langue parlée.

L'application historique de ce système est intéressante; elle montre notamment que les formes exprimant les fonctions les plus anciennes (comme l'imperfectif indo-européen par exemple) ont été progressivement utilisées pour indiquer une fonction plus récente, (celle du présent général dans notre exemple), la fonction ancienne disparaissant ou étant « renouvelée » plus tard dans une nouvelle forme.

A la tendance de Kurylowicz, il faut rattacher celle de C. Watkins, qui lui aussi tente de « reconstruire » les mécanismes d'évolution des systèmes grammaticaux. D'une manière très générale, ce dernier imagine une sorte de filiation allant de l'« injonctif » de la langue hittite aux relations temporelles de nos langues actuelles. Il semble bien établi, en effet, que les formes du hittite (la plus ancienne langue connue) étaient des racines à la fois nominales et verbales de type plutôt déïctique; « Preks » : « Il y a de la demande ». De cette forme initiale aurait surgi en indo-européen la forme nominale d'une part et verbale de l'autre, cette dernière n'exprimant que la distinction aspectuelle perfectif-imperfectif. Plus tard, pour des raisons de fonction discursive, le perfectif (utilisé abondamment dans les récits) deviendra le passé, tandis que l'imperfectif évoluera plus lentement vers le présent.

La conception dominante de l'évolution de l'aspect vers le temps est discutée par de nombreux auteurs. O. Szemerenyi, le plus radical d'entre eux, récuse le caractère essentiellement aspectuel du système verbal de l'indo-européen (1965). D'autres linguistes, plus modérés, soulignent à la fois la fragilité de la catégorie aspectuelle et sa vitalité, son aptitude à se renouveler. Dans son étude de l'expression de l'aspect en germanique du VIIe siècle à nos jours, F. Mossé (1925) a démontré que cette catégorie était très importante dans le gothique ancien (VIIe au Xe siècle), qu'elle a disparu à la fin du XIe siècle pour réapparaître au XVe (forme progressive) et être de nos jours à nouveau menacée de disparition. Cette instabilité de l'aspect se manifesterait selon Mossé dans toutes les langues, y compris le groupe slave pour lequel l'apparente stabilité actuelle constitue l'aboutissement optimal d'une longue évolution historique, et l'aube d'une période de reflux. Le caractère mouvant de la catégorie aspectuelle a été commenté de manière très fine par R. Lucot :

« L'aspect porte en lui-même le principe même de son altération : traduisant une attitude générale de l'esprit, mais ne se manifestant que dans le particulier, inhérent aux notions verbales, lié à des états de langue, ne se saisissant que dans des nuances toujours délicates, souvent fuyantes, baignant dans le subjectif, il s'organise un temps en systèmes spécifiques pour s'altérer dans l'évolution des langues, toujours instable et menacé, mais toujours prêt à renaître et à se renouveler » (1956, p. 453).

L'abord de l'histoire des langues, surtout des plus anciennes, présente des difficultés méthodologiques souvent insurmontables; celles-ci sont considérablement atténuées dans l'étude des évolutions linguistiques particulières que constituent les phénomènes d'« argot-genèse » et de créolisation.

L'argot est toujours pour le sujet qui l'utilise une langue seconde, troisième ou même quatrième; il se développe dans certains contextes socio-géographiques, souvent lorsque plusieurs ethnies sont en contact. Le créole est un argot qui s'est transmis aux générations ultérieures et qui tend à devenir une langue.

Selon W. Labov (1971), l'une des caractéristiques les plus frappantes de la plupart des argots est leur absence de marques de surface de la catégorie temporelle. Cette absence n'implique pas cependant une incapacité d'expression des nuances de temps; dans les argots de l'Ouest Africain par exemple, les verbes d'action sont habituellement interprétés comme passés et les verbes d'état comme non passés. Dans tous les argots on observe par contre, un couple au moins de marqueurs aspectuels; celui qui exprime l'opposition entre processus achevé et inachevé. Les langues créoles quant à elles, se caractérisent par la présence d'un marqueur temporel obligatoire (généralement le *futur*) et d'une multitude de marqueurs aspectuels. Au cours de leur évolution, le système aspectuel se complexifie (il existe par exemple 9 formes aspectuelles strictement organisées dans le kituba du Zaïre) en même temps que se développent les marques temporelles. Dans les formes de créoles les plus développées (Haïti et Jamaïque notamment), le système temporel semble devenir plus contraignant que le système aspectuel.

Contrairement à l'idée reçue, argots et créoles ne constituent donc pas le résultat stable d'une simplification de la langue dominante par un groupe social dominé. Nous sommes en réalité en présence d'un phénomène de construction, à partir de l'input-langue dominante, de grammaires d'une complexité de plus en plus comparable à celle de la cible que constitue l'input. Ce processus est manifeste dans le passage de l'aspect au temps, mais il transparaît également dans l'évolution d'autres catégories grammaticales (cf. E. Traugott, 1972). Le rôle de modèle attribué à la langue cible est confirmé par le fait que les créoles en milieu anglophones développent des marques aspectuelles essentiellement « progressives », alors que ceux des milieux francophones tendent plutôt à développer les marques « perfectives ».

Les données qui commencent à affluer sur l'évolution des argots et langues créoles présentent des similitudes évidentes avec les processus d'acquisition du langage par l'enfant (cf. chapitre II). Dans les deux cas, en présence d'un modèle linguistique précis, qui constitue l'objectif à atteindre, des ébauches successives de grammaire sont construites; les premières négligent les règles non apparentes de la langue; les suivantes les découvrent, les surgénéralisent, et finissent par constituer un système équivalent à la langue-cible. Il reste cependant à déterminer dans quelle mesure les processus mêmes qui régissent ces deux types d'évolution présentent des analogies intéressantes.

Les données historiques nous paraissent plus difficilement interprétables; le matériau de base est parfois quantitativement trop peu important, et certains facteurs indispensables à l'analyse font défaut de manière irrémédiable. Si l'on observe parfois une continuité dans l'évolution de certaines caractéristiques d'une famille de langues, l'absence de modèle, de finalité, qui caractérise l'histoire des langues, rend cette évolution peu comparable aux processus d'apprentissage. La linguistique historique propose des états de langues successifs, correspondant à divers stades de civilisation; elle ne peut cependant analyser ces correspondances qu'a posteriori, avec toutes les difficultés inhérentes à ce genre d'analyse. Pour cerner les « mobiles » qui poussent une communauté à adopter un système aspectuel plutôt qu'un système temporel par exemple, il est probable, comme l'affirment certains linguistes, que des analyses synchroniques comparatives seraient plus pertinentes.

C. LES CATEGORIES TEMPORELLES ET ASPECTUELLES EN FRANÇAIS

Les études de l'aspect et du temps en français sont aussi nombreuses que variées, chaque auteur adoptant une terminologie et une méthodologie propre. La plupart d'entre eux se limitent néanmoins à l'étude des formes verbales et affirment que la distinction entre accompli et inaccompli constitue la caractéristique aspectuelle la plus stable de notre langue. Cette opposition est relevée notamment dans les couples de phrases du type « je travaille » - « j'ai travaillé ». On dispose également de quelques travaux précis sur la « périphérie » du verbe français, notamment sur la valeur aspectuelle d'éléments de surface comme « en » et « tout » (C. Bally, 1925). Il est à regretter que dans la plupart de ces études, les marques et significations aspectuelles et temporelles ne soient pas clairement différenciées; on observe un va-et-vient continu entre analyse notionnelle et analyse des marques de surface. C'est ce manque de rigueur qui a engendré la métathéorie du temps de Guillaume, et des descriptions comme celle de J. Pohl. Pour ce dernier, les oppositions aspectuelles du français ne se font presque jamais entre l'accompli et l'inaccompli, mais entre l'un de ces deux et un aspect global, ou zéro, celui-ci étant défini comme « considérant le procès de son début à son achèvement, sans mettre en évidence aucun moment particulier de son déroulement » (1964, p. 173). « Il est mort sans souffrir » par exemple, exprime un aspect global, alors que « il est mort depuis longtemps » exprime l'accomplissement. Dans cette optique, l'opposition accompli-inaccompli n'apparaîtrait régulièrement qu'avec les formes surcomposées : « il jardine » - « il a eu jardiné ». Pohl note aussi les oppositions lexicales du type « coucher » - « se coucher », et affirme qu'il est illusoire de supposer aux temps du verbe des affinités avec la durée des actions mentionnées : « Le 14 mai 1643, Louis XIV montait sur le trône; il régna soixante-douze ans ».

La première étude systématique des marques verbales en français est l'œuvre de E. Benvéniste (1966), qui a levé bon nombre d'ambiguïtés en distinguant les deux plans de l'énonciation, celui du discours et celui du récit historique.

L'énonciation historique est de nos jours réservée à la langue écrite; il s'agit du récit d'événements passés, se caractérisant par une double limitation, celle de la catégorie de personne et celle de la catégorie des temps. Dans ce type d'énoncé, on n'observe en fait que la 3ᵉ personne, et les trois temps suivants : *passé simple, imparfait et plus-que-parfait*. A l'encontre de l'Histoire, le discours suppose un locuteur et un auditeur; il est oral ou écrit, accepte les trois personnes ainsi que tous les temps du verbe, sauf le *passé simple* qui est précisément le temps primordial du récit historique. Les temps fondamentaux du discours sont le *présent*, le *futur* et le *parfait*, qui sont bannis du récit historique. L'*imparfait* est commun aux deux plans.

Les temps, qu'ils soient du discours ou de l'Histoire peuvent s'organiser en une structure composée de deux groupes symétriques, celui des temps simples et des temps composés :

    il écrit   il a écrit
    il écrivait   il avait écrit
    il écrivit   il eut écrit
    il écrira   il aura écrit

Il s'agit là d'un système en expansion, car les formes composées peuvent à leur tour produire des composées qui sont dites surcomposées :

    il a écrit   il a eu écrit
    il avait écrit   il avait eu écrit, etc.

Selon Benvéniste, les temps composés auraient un double statut; d'une part, ils s'opposent un à un aux temps simples en leur fournissant un corrélat au *parfait*. La fonction de ce dernier étant « de présenter la notion comme accomplie par rapport au moment considéré, et la situation actuelle résultant de cet accomplissement temporalisé » (1966, p. 246); d'autre part, ils indiquent l'antériorité, celle-ci se déterminant uniquement par rapport au temps simple corrélatif. Les formes du parfait ont cette caractéristique formelle de pouvoir toujours se construire comme verbes d'une proposition libre, tandis que les formes d'antériorité doivent toujours se construire avec des formes simples du même niveau temporel :

parfait du présent : « il a écrit sa lettre »
antérieur de présent : « quand il a écrit une lettre, il l'envoie »

L'auteur justifie sa distinction en montrant que les formes du parfait s'opposent sur un axe paradigmatique, tandis que les formes d'antériorité n'ont que des corrélats syntagmatiques.

Benvéniste complète son analyse en démontrant que le *passé composé*, qui, dans le système initial exprime un accompli du présent, en est venu à assumer une seconde fonction (cf. Kurylowicz), celle de temps passé du discours en remplacement du *passé simple*. La forme « j'ai lu » constitue donc tantôt un temps composé à fonction de parfait, tantôt un temps simple à fonction d'aoriste du discours. A cette forme simple « j'ai lu », le système a dû adjoindre une forme composée exprimant l'accompli, c'est-à-dire la forme surcomposée « j'ai eu lu ».

Alors que Benvéniste ne prend en considération que les nuances aspectuelles d'accomplissement, Culioli tente de retrouver dans l'ensemble des marques de surface du français, les différents signifiés aspectuels définis par la théorie de la lexis.

a) L'opposition perfectif-imperfectif, de même que la distinction état-processus, est réalisée en surface par la signification de certains lexèmes verbaux « chercher-trouver ». Cette signification est elle-même vraisemblablement objectivable par les relations de compatibilité du verbe avec des adverbes comme « attentivement » ou « clairement ».

b) Le moment de déroulement du procès est couramment exprimé en français par des auxiliaires que l'on qualifie de métaverbes d'aspect : « aller », « commencer à », « être en train de », « venir de », « finir de ».

c) L'opposition accompli-inaccompli est plus difficile à déceler en surface; elle se manifeste par la combinaison du temps du verbe, des auxiliaires et du contexte (adverbes et circonstanciels).

Le tableau 3 montre clairement que c'est de la phrase dans son ensemble qu'émerge le signifié aspectuel d'accomplissement.

Tableau 3
Exemples d'expression du degré d'accomplissement dans des énoncés français, selon C. Fuchs (1971).

Degré d'accomplissement	Exemples
AC—	« J'écris en ce moment » « Il écrivait quand je suis entré » « Demain à cette heure je dormirai »
AC+	« Je le quitte à l'instant » « Nous sortions à peine quand un orage éclata » « Maintenant que j'ai fait mon travail, je peux partir »
AC*	« Nous marchions, une fusillade éclate » « Le lendemain, il arrivait tout joyeux » « Je vous ai rencontré l'an dernier »

d) Le caractère répétitif de l'action peut être exprimé soit par un affixe verbal (sauti*ller*, criai*ller*), soit par un adverbe.

Les *temps du verbe* sont, en français, la seule marque morphologique servant à l'expression de l'aspect; ils n'en constituent cependant ni une marque nécessaire, ni une marque suffisante. Comme nos exemples l'ont montré, les trois degrés d'accomplissement (AC—, AC+ et AC*) peuvent être exprimés dans des phrases dont les verbes sont conjugués aussi bien au *présent* qu'à l'*imparfait* ou au *futur* (il semble toutefois que les temps composés soient incompatibles avec l'aspect inaccompli). Quant aux autres signifiés aspectuels (perfectivité, moment du déroulement), ils ne sont exprimés que par des marques lexicales ou contextuelles.

En réalité, les temps du verbe ne sont en français, qu'éventuellement *compatibles* avec une ou plusieurs valeurs aspectuelles. Ils constituent un système de marques qui renvoie d'abord et essentiellement à un signifié temporel (au sens de relation temporelle) et qui ensuite et secondairement, est compatible avec une ou plusieurs marques aspectuelles, une ou plusieurs modalités, un ou plusieurs types de discours. Selon C. Fuchs (1971), dans l'analyse des temps du verbe français, interviennent les paramètres suivants :

— La relation temporelle, c'est-à-dire le rapport entre le moment de l'énoncé (E) et celui de l'énonciation, qui est spécifié par les opérateurs d'énonciation. Si la simultanéité est notée t, l'antériorité de l'énoncé est notée t_{-1} ou t_{-2}.

— Le type de discours : discours direct (D^o), discours indirect (D^1), récit (D^*) et discours idéologico-scientifique ($D\omega$).

— La modalité : affirmation (M_1), négation (M_2) et hypothèse (M_3).

— L'aspect : AC —, AC + et AC *.

Chaque temps peut être décrit par un vecteur du type $<D, M, AC\ t>$.

Ainsi, le temps présent de « j'écris en ce moment » peut s'analyser par la formule : $<D^o, M_1, AC\!-\!, t_o>$.

Il n'existe cependant pas une seule formule pour le même temps du verbe, et le *présent* de « Je viens tout de suite » ou « Chaque matin, je me lève à six heures » doit être associé à un vecteur différent; pour l'*imparfait*, on pourrait donner par exemple plus de 7 formules différentes.

Si le signifiant temps du verbe peut donc être qualifié d'amalgame, il n'en demeure pas moins que le concept qu'il exprime le plus clairement et le plus régulièrement est celui de la relation temporelle, les aspects, modalités et types de discours interférant de manière plus ou moins importante avec ce signifié fondamental.

CHAPITRE II

L'ACQUISITION DES STRUCTURES TEMPORELLES EN FRANÇAIS

A. L'ACQUISITION DU LANGAGE; PERSPECTIVE GENERALE

L'apprentissage par l'enfant des structures temporelles constitue l'une des étapes du processus général d'acquisition du langage, processus qui peut être décrit en termes de construction de niveaux successifs de langage, de plus en plus proches du modèle présenté à l'enfant. Dans toutes les communautés humaines, ce modèle est constitué par une (ou plusieurs) langue naturelle.

Nous définirons le langage comme le substrat commun à l'ensemble des langues naturelles; bien que notre connaissance actuelle de ce substrat soit limitée, nous pouvons cependant lui reconnaître quelques caractéristiques essentielles tant sur le plan fonctionnel que structural.

Le langage assume, de toute évidence, une fonction de communication; il constitue l'instrument d'échange social et sert à l'expression des idées, sentiments, émotions, comme à la transmission de tout type d'information. Système de substituts (de signes), le langage permet également la projection sur un plan nouveau d'événements ou d'états réalisés ou perçus; il remplit donc une seconde fonction, la représentation. Le langage peut de la sorte être défini comme un code de communication construit sur des substituts représentatifs.

Les substituts qu'utilise le langage n'entretiennent aucune relation de dépendance avec les éléments extralinguistiques auxquels ils réfèrent; leur choix est le résultat d'une convention sociale, et la relation entre le pôle-signifiant du substitut et le pôle-signifié est dite arbitraire. Pour diverses raisons (équipement anatomique notamment), les signes du langage sont organisés dans le successif. La disposition linéaire qui en résulte est elle-même dotée de sens en fonction d'une convention sociale. Nous appellerons ces deux caractéristiques structurales de base, *arbitraire de désignation* et *arbitraire de disposition*.

Le langage présente en outre une caractéristique, à la fois structurale et fonctionnelle, que certains considèrent comme primordiale : les structures énonciatives. Les langues humaines sont en effet dotées d'indices de surface qui précisent la position du locuteur par rapport à la réalité référée, et au contexte d'énonciatoin. Ces indices, variables en nombre et en complexité, s'organisent en structures dites énonciatives.

Les étapes d'apparition de ces quelques caractéristiques spécifiques peuvent servir de trame à une brève description de l'acquisition du langage.

La période qui couvre les 18 premiers mois de la vie est généralement qualifiée de prélangagière, dans la mesure où les productions vocales de l'enfant ne témoignent de la présence d'aucun signe appartenant à la langue maternelle. On y décèle cependant les traces comportementales de la mise en œuvre des fonctions de communication et de représentation. Dès les premières semaines de la vie, les cris, les gestes et les mimiques s'inscrivent dans le cadre des échanges du bébé avec son environnement social. Ces conduites communicatives se développent durant les premières années, mais leur rôle dans l'émergence des premières conduites langagières n'a pas encore été déterminé avec précision. La représentation a été analysée de manière approfondie par Piaget et ses collaborateurs. Ceux-ci ont démontré que les conduites sensori-motrices du bébé se différencient et s'organisent en structures de plus en plus complexes, et qu'à une étape de cette construction, le sujet se trouve pourvu d'images mentales, ou « unités à représenter ». Ce serait de la construction de ces unités que dépendrait l'apparition du langage et des autres conduites sémiotiques.

Les premiers mots de l'enfant constituent l'aboutissement comportemental de l'évolution des fonctions de communication et de représentation ; les « apu », « toto », « kem » et autres holophrases ne sont cependant dotées que d'une seule des caractéristiques structurales du langage ; l'arbitraire de désignation. L'arbitraire de disposition apparaît avec les énoncés à deux éléments, et les structures énonciatives plus tardivement encore.

Les caractéristiques morpho-syntaxiques spécifiques de la langue maternelle émergent dans les productions enfantines à partir de 2 ans ; elles se développent ensuite très rapidement et sont produites sans difficultés apparentes aux alentours de 5 ans. La présence de structures complexes dans les productions de l'enfant n'implique pas cependant que celui-ci comprend parfaitement les énoncés adultes, ni que la signification qu'il attribue à ses propres énoncés est identique à celle que l'adulte y décèlerait. L'analyse des processus de compréhension et de production contrôlée exige en réalité la mise en œuvre de techniques expérimentales.

Les résultats des recherches entreprises à ce jour nous conduisent à distinguer trois groupes de structures morpho-syntaxiques, selon la fonction sémantique qu'elles assument dans l'énoncé.

Le morphème d'ordre des mots, les flexions casuelles ainsi que les structures syntaxiques de passivation, thématisation et interrogation servent à attribuer ou à accentuer les rôles d'actant, de patient, de bénéficiaire, etc., de l'état ou de l'action; ils assument une fonction sémantique que nous qualifierons de « primaire ». Les éléments morphologiques qui déterminent la catégorie nominale (genre, nombre), la catégorie verbale (aspects, modalité, temps), ainsi que la catégorie adjectivale, ont pour fonction de « moduler » le sens des lexèmes auxquels ils s'appliquent; ils constituent une seconde classe, celle des marques assumant une fonction syntaxique secondaire. Un dernier groupe, à fonction sémantique tertiaire, comprend toutes les marques de surface qui combinent entre elles les propositions ou les phrases, c'est-à-dire essentiellement les conjonctions, les pronoms relatifs et anaphoriques, ainsi que les marques discursives.

En ce qui concerne l'acquisition des structures à fonction sémantique primaire, les données recueillies à l'heure actuelle semblent indiquer que le modèle fourni par l'adulte à l'enfant contient plusieurs faisceaux d'indices, souvent convergents; la parcelle de connaissance de l'univers à laquelle réfèrent chacun des éléments lexicaux, la position de chacune de ces unités dans l'énoncé, enfin, les marques morpho-syntaxiques spécifiques (« C'est ... que » de la thématisation par exemple). La maîtrise de ces structures par l'enfant dépend de l'élaboration de stratégies d'appréhension de ces différents faisceaux d'indices. Dès 2 ans, on observe la mise en œuvre de stratégies pragmatiques (basées sur le sens des mots), puis positionnelles et formelles (centrées sur les marques spécifiques de surface). La stratégie pragmatique est la plus puissante et la plus précocement utilisée; elle ne fournit cependant pas toujours d'indication décisive, ce qui entraîne le recours aux stratégies positionnelles ou formelles. Celles-ci s'élaborent plus lentement, mais les indications qu'elles fournissent sont parfois contradictoires. C'est cette contradiction qui explique par exemple la non-compréhension de la structure passive jusqu'à 6 ans. A partir de cet âge, la plupart de ces conflits sont résolus, et l'enfant manipule sans trop de difficultés les structures à fonction sémantique primaire.

Les marques de modulation sémantique (fonction secondaire) renvoient à un signifié parfois peu apparent, mais toujours doté d'une organisation complexe (cf. la marque temps du verbe et le signifié aspect en français). Elles apparaissent précocement dans les productions enfantines, mais en raison même du caractère « secondaire » de leur fonction, il n'est guère aisé de déterminer le sens précis que l'enfant leur attribue. Les marques à fonction tertiaire posent des problèmes analogues.

On ne dispose actuellement que de peu de données concernant l'acquisition par l'enfant de marques à fonction sémantique secondaire; Bresson

(1970), Maratsos (1974) et Warden (sous presse) ont démontré que certains des déterminants du nom sont précocement utilisés à bon escient par l'enfant. E. Clark (1970), et E. Ferreiro (1971) ont été les premières à aborder expérimentalement l'étude des déterminants du verbe.

B. L'ACQUISITION DES DÉTERMINANTS DU VERBE EN FRANÇAIS

Les données classiques d'observation (cf. Guillaume, 1927), comme les analyses quantitatives plus récentes (Malrieu, 1973) ont révélé une production très précoce des temps du verbe les plus courants. De 2 à 4 ans, émergent le *présent*, le *passé composé*, le *futur* et l'*imparfait*. Cette production précoce des flexions verbales a été observée également en anglais par C.B. Cazden (1968).

Divers linguistes ont observé l'utilisation « marginale » de certaines flexions verbales par les enfants, et notamment l'emploi de l'*imparfait* dans la description et la planification des jeux :

Moi, j'étais le papa, toi tu étais la maman (Warnant, 1966)
On disait que c'était demain, hein, la guerre (Pohl, 1967)
Tu eri el re e io la regina (Castelfranchi, 1970)

Cet *imparfait* ludique ou préludique n'exprime pas une relation temporelle d'antériorité comme le font généralement les temps passés; il situe au contraire l'événement dans une scène fictive à venir. Cette utilisation de l'*imparfait* chez les enfants a été diversement interprétée. Les linguistes qui attribuent aux flexions verbales une valeur significative intrinsèque, décrivent l'emploi des temps du verbe par l'enfant comme des modulations de cette signification. J. Pohl par exemple affirme que l'*imparfait* est par excellence le temps de l'imperfectif, qu'il convient particulièrement bien pour décrire les actions d'un récit, et que l'enfant « élargit » en quelque sorte cette signification à la mise en scène des phases de l'action. Ce type d'interprétation implique que l'enfant soit très tôt capable d'inférer l'hypothétique signification intrinsèque des flexions verbales, et d'y apporter des modifications; cette compétence nous paraît peu probable dans l'état actuel de nos connaissances des processus d'acquisition du langage. Pour Warnant (1966) par contre, l'*imparfait* ludique exprime un « actuel non-présentifié »; dans l'opposition classique nunc-tunc de la catégorie déictique, il servirait à exprimer le pôle tunc, alors que le *présent* et le *passé composé* correspondraient aux nuances du nunc, c'est-à-dire de l'activité présente moi-ici-maintenant. Dans cette optique, les flexions verbales assumeraient chez le jeune enfant une fonction déictique plutôt que temporelle.

Quelques psycholinguistes ont remarqué, au cours d'expériences de production d'énoncés, que les enfants utilisaient fréquemment les mêmes temps avec les mêmes verbes. Dans son étude de l'acquisition de la structure passive, Ferreiro a notamment constaté que les sujets de 4 à 7 ans conjuguent toujours le verbe « laver » au *présent*, alors qu'ils choisissent le *passé composé* pour le verbe « casser », et ce, bien que les deux descriptions soient réalisées après le déroulement de l'action. D'autres travaux, dirigés par H. Sinclair, ont révélé que les enfants les plus jeunes se centrent sur des caractéristiques de l'action différentes de celles que les adultes décrivent généralement. A 3 ans par exemple, pour décrire un camion rouge poussant une voiture verte, ils fourniront un énoncé du type : « Il y a une voiture verte », alors que plus tard, on trouve des descriptions comme « ils sont dans le garage ». Ces différences de production ne sont pas complètement imprévisibles dans la mesure où toute action présente de nombreuses caractéristiques, que toutes peuvent faire l'objet d'une description, et que le choix s'opère en fonction de l'âge, du contexte, et de la familiarité avec la situation. Ce qui est remarquable par contre, c'est qu'à ces centrations particulières correspondent des marqueurs spécifiques, ainsi que l'a suggéré Ferreiro dans son étude sur l'expression des relations temporelles chez l'enfant (1971), dont nous allons présenter un résumé succinct.

Dans la partie « production » de sa recherche, Ferreiro demandait à ses sujets de décrire deux événements simultanés ou décalés. Après cette description libre, elle demandait de commencer l'énoncé par le nom de l'actant de la seconde action (description induite). Enfin, elle posait un certain nombre de questions du type : « Quand X a-t-il effectué son action ? »

Les résultats obtenus pour ces trois tâches peuvent être regroupés de la manière suivante.

A un premier niveau (4 à 5 ans), les enfants décrivent les événements présentés par deux propositions indépendantes ou faiblement liées (utilisation de *et* et *puis*). Les verbes sont généralement conjugués aux mêmes temps dans les deux propositions, et, dans 80 % des cas, l'ordre d'énonciation correspond à l'ordre des événements. Dans la description induite, ces sujets réitèrent simplement leurs premières formulations ou inversent l'ordre des propositions sans toutefois ajouter d'indicateur temporel permettant à l'auditeur de rétablir l'ordre de présentation. Leurs réponses aux questions sont généralement « maintenant » ou une expression équivalente. Au second niveau (5 à 6 ans), les propositions sont toujours juxtaposées ou faiblement liées, et les deux verbes conjugués aux mêmes temps, mais des adverbes de temps commencent à être introduits (*après*). Pour les descriptions induites, on assiste à une évolution en ce sens que les enfants deviennent conscients de la difficulté; ils proposent diverses solutions, toutes incorrectes. A ce niveau, les réponses aux questions sont correctes, tant en ce qui concerne la syntaxe que la relation temporelle entre les deux événements. Au troisième stade (7 à 8 ans), toutes les réponses sont correctes pour les trois tâches, et des subordonnées introduites par *quand*, *avant que* et *après que* apparaissent. En ce qui concerne les temps du verbe, on observe fréquemment des différences entre les deux propositions, mais il ne semble pas qu'il s'agisse là de véritables relateurs temporels, ce rôle étant plutôt dévolu aux expressions adverbiales. Enfin, à partir de 8 ans environ, toutes les réponses sont correctes et les temps des verbes indiquent clairement des relations temporelles.

Cette évolution confirme l'utilisation relativement précoce de temps du verbe comme le *passé composé*, *le présent* et le *futur simple*, mais elle montre surtout qu'avant 6 ans au moins, ces derniers n'ont pas de fonction temporelle. Ferreiro a pensé qu'ils pouvaient assumer une fonction aspectuelle. Cette hypothèse se fonde sur l'analyse des descriptions de deux actions simultanées avec emboîtement de durée (une action de courte durée, inscrite dans un intervalle de temps déterminé par l'autre action); dans cette situation, bon nombre de sujets intermédiaires entre les premiers et seconds niveaux choisissent systématiquement le *présent* ou l'*imparfait* pour l'action longue, le *passé composé* pour l'action brève. Ces sujets ne produisent jamais de relateurs temporels du type « *pendant que* », et ne semblent pas par ailleurs vouloir exprimer de relations temporelles.

Ferreiro a surtout remarqué la systématicité de l'opposition des temps du verbe; aucun sujet n'a par exemple, choisi un *présent* pour l'action brève et un *passé composé* pour l'action longue. Bien qu'anecdotique (l'opposition n'est apparue de manière systématique que chez quelques sujets pour une seule situation), cette observation a néanmoins suscité l'hypothèse d'une fonction aspectuelle des temps du verbe, hypothèse dont nous avons voulu vérifier le bien-fondé dans le présent travail.

CHAPITRE III

ORGANISATION GENERALE DES RECHERCHES

A. PROBLEMATIQUE GENERALE

1. LES QUESTIONS DE DEPART

Comme nous l'avons souligné au chapitre I, dans la langue française standard, les temps des verbes expriment principalement une relation temporelle, et sont accessoirement compatibles avec des nuances aspectuelles, modales, ainsi qu'avec certains types de discours. Le chapitre II nous a révélé par contre que les enfants, bien qu'ils produisent abondamment les flexions verbales courantes, ne les comprennent ni ne les utilisent pour exprimer des relations temporelles. La question qui se pose dès lors est celle du rôle de ces flexions verbales dans le langage de l'enfant; quelle est la fonction du temps des verbes dans les énoncés enfantins ?

Formulée de cette manière, notre question de départ peu paraître superficielle; les analyses linguistiques récentes démontrent en effet que toute langue est susceptible d'exprimer des nuances aspectuelles aussi bien que des relations déictiques et temporelles, même si les modes d'expression de ces nuances ne sont pas apparents. Notre question prendra donc un tour plus fonctionnel. Existe-t-il chez l'enfant des modes d'expression langagière des notions déictiques, aspectuelles et temporelles ? Dans l'affirmative, quels sont-ils ?

2. SCHEMA GENERAL DE LA DEMARCHE

La fonction déictique nous paraît devoir être distinguée nettement de l'aspect et du temps; dans toute production langagière, le sujet désigne la réalité par son énoncé, et les flexions verbales constituent l'une des marques de cette désignation. L'opération déictique est donc inhérente à la réalisation du discours, et les fonctions aspectuelles et temporelles ne peuvent que s'y greffer éventuellement. Notre analyse expérimentale ne peut donc porter que sur les modes d'expression de l'aspect et du temps. Nous avons adopté la démarche suivante :

1. Nous avons montré à nos sujets un certain nombre d'actions (réalisées avec des jouets), actions pour lesquelles nous avons contrôlé la variation des caractéristiques objectives de durée, espace parcouru, présence ou absence d'un résultat, etc. Nous avons dans la mesure du possible tenté de présenter toutes les combinaisons possibles de ces divers paramètres.

2. Nous avons également introduit une variation dans le délai entre la fin de l'action effectuée par l'expérimentateur et le début de l'énoncé de l'enfant; 4 délais ont été choisis : 0 seconde, 2 secondes, 7 secondes et 25 secondes.

3. Nous avons demandé une description de ces actions à nos sujets. Ceux-ci étaient âgés de 3 à 8 ans, mais nous avons réalisé également l'expérience avec un groupe d'adolescents et un groupe d'adultes.

4. Dans les énoncés produits par nos sujets ,nous avons analysé les marques de surface susceptibles d'exprimer des nuances aspectuelles ou des relations temporelles, à savoir les temps des verbes, les lexèmes verbaux et leur signification, les adverbes et certains compléments circonstanciels. Nous avons, de manière plus précise, tenté de déterminer dans quelle mesure les paramètres définis en 1 et 2 influaient sur la production des marques de surface précitées.

5. Afin de déterminer la nature (linguistique ou extra-linguistique) des choix fonctionnels et de leurs modes d'expression, nous avons réalisé des expériences d'imitation, destinées à contrôler les possibilités d'appréhension des caractéristiques de l'action définie en 1.

B. PROCEDURE EXPERIMENTALE

1. MATERIEL ET SITUATION EXPERIMENTALE

L'expérimentateur est assis à côté de l'enfant à une table d'au moins un mètre et demi de longueur. Sur le bord de cette table sont indiqués discrètement les points de repère qui permettent à l'expérimentateur d'évaluer les distances parcourues. Les différents jouets sont disposés pêle-mêle sur l'autre bord de la table (distance de plus ou moins 30 cm), et les co-expérimentateurs (qui enregistrent et prennent note) sont assis de l'autre côté de la table. Dans les expériences de production et d'imitation, l'expérimentateur prend les jouets intervenant dans l'action, et effectue cette dernière devant l'enfant, c'est-à-dire dans l'espace resté vide entre le sujet et l'ensemble des jouets. Dans les expériences de compréhension et d'imitation, on incite l'enfant à produire l'action dans le même espace.

Le matériel expérimental varie légèrement selon les différentes expériences. De manière générale, il se compose de deux ou plusieurs exemplaires des jouets suivants :

— poupée-fille, poupée-garçon, bébé, bébé dans une poussette, poupée transistorisée (émettant des cris de fréquences diverses), poupée automatique (se déplaçant lentement);
— chat, chien, oiseau, tortue, cerf, singe, grenouille, mouton et lapin en caoutchouc (émettant des cris brefs ou répétitifs);
— bouteille, boîte, balle, éponge, billes;
— voiture, camion, toupie;
— village composé de maisons et de garages;
— enclos composé de barrières dans lequel on trouve les animaux suivants : cheval, vache, cochon, mouton, lapin;
— lac artificiel (bassin de cuisine rempli d'eau) avec canard, cygne et poisson.

2. ANALYSE DES PARAMETRES ISOLES

Nous avons fait varier de la manière la plus systématique possible deux groupes de paramètres; les caractéristiques de l'action (CA) d'une part, le délai entre fin de l'action et début de production (DP) d'autre part.

a) Les caractéristiques de l'action (CA)

Sur l'ensemble de nos recherches, nous avons manipulé les paramètres suivants [1] :

— *Présence ou absence d'un résultat de l'action.*

Les expériences de Piaget (1946) ont mis en évidence différentes étapes dans la manière dont les enfants appréhendent une action simple ou complexe. Chez les sujets les plus jeunes, on observe très souvent une centration exclusive sur le résultat de l'action; celle-ci est suivie d'un intérêt pour la mise en œuvre, le départ de l'action, et ce n'est que plus tard que les enfants se centrent sur l'action dans son déroulement. Cette tendance générale dans le développement cognitif nous a amené à distinguer trois types d'actions :

Les actions qui produisent toujours un résultat objectif, aisément perceptible; un objet, un animal ou une personne est visiblement modifié par l'action, ou un point de l'espace marqué (par une maison, un garage...) est atteint par un mobile, après un déplacement plus ou moins long. Nous parlerons dans ce cas d'actions résultatives (R).

Les actions qui ne donnent pas lieu à un résultat directement perceptible. Dans les cas les plus clairs, il s'agit de mouvements plus ou moins circulaires d'animaux dans leur milieu naturel. Il peut s'agir aussi d'actions circulaires

---

[1] Le nombre élevé de CA considérées comme pertinentes a rendu impossible la présentation de toutes les CA dans chaque expérience.

concentriques de mobiles, de sauts sur place, ou d'actions sans déroulement dans l'espace et sans résultat évident (caresser). Ces actions seront qualifiées de non résultatives (NR).

Nous verrons lors de l'exposé des résultats obtenus que la distinction entre actions résultatives et non résultatives est parfois malaisée à établir; si, du point de vue de l'expérimentateur, il est facile d'indiquer le résultat de l'action (ex : un bébé est sale; l'action de laver le rend propre), il n'est pas évident a priori que l'enfant percevra et prendra en considération ce résultat.

Un groupe d'actions semble échapper à la distinction entre R et NR, dans la mesure où on ne peut imaginer un résultat intrinsèque de l'action. Il s'agit de l'émission de cris par des animaux ou des poupées, ou encore de signaux lumineux. Alors que, pour les actions NR, on peut imaginer qu'une modification légère (un changement de trajectoire par exemple) conduirait à un résultat tangible, pour ce type de situation, le résultat de l'action ne peut être que « projeté » par le sujet; l'action de crier où de s'allumer ne peut donner lieu à aucun résultat en soi. Nous parlerons dans ce cas d'actions arésultatives (A).

Outre ce paramètre que nous considérons comme fondamental, nous avons fait varier les caractéristiques suivantes :

— *La durée de l'action*. Celle-ci a varié de 1 à 20 secondes, la plupart des actions se déroulant en 1 seconde (D1), 5 secondes (D5) et 10 secondes (D10). P. Fraisse (1961) considère que les durées de moins de 2 secondes sont appréhendées différemment de celles de 3 secondes et plus; les premières seraient perçues de manière immédiate alors que les secondes nécessitent une estimation quantitative ou qualitative. Les actions de moins de 2 secondes ont été appelées non duratives (nD), celles de plus de 3 secondes duratives (D).

— *Le caractère fréquentatif ou continu de l'action*. Certaines actions consistent en un déroulement continu (C) d'autres sont composées d'une répétition de portions d'actions identiques (F pour Fréquentatif).

— *Le caractère transitif ou intransitif de l'action*. Dans certains cas, un actant effectue une action *transitive* (T) sur un patient (renverser, pousser, etc.), dans d'autres cas, l'action est *intransitive* (nT) (rouler, avancer, etc.).

— *L'échec ou la réussite de l'action*. Cette dimension ne doit pas être confondue avec le paramètre « Résultat »; dans une de nos recherches, nous avons en effet défini un but explicite à quelques actions (ex. : « Le fermier, la vache et le cheval, ils veulent arriver à la ferme, on va voir s'ils y arrivent »). En fonction du but ainsi défini, l'action réussit (S) ou échoue (E), mais même en cas d'échec, un point marqué dans l'espace est atteint; l'action est donc résultative.

— *L'espace parcouru*. Dans la plupart de nos expériences, nous avons opposé trois types d'action; aucun espace n'est parcouru (E0), 10 ou 100 cm sont parcourus (E10) et (E100). Il faut remarquer que dans le cas des actions circulaires, cette variable n'a pu être strictement contrôlée; il nous faut donc lier la variable espace (E) à celle du mode de déplacement (M). Lorsqu'une action est de type E0, le déplacement est nul lui aussi (M0); lorsque l'action est de type E10 ou E100, le mode de déplacement est nécessairement rectiligne (MR). Enfin lorsque le déplacement est circulaire (MC) l'espace parcouru n'est pas strictement contrôlé.

La plupart des paramètres interviennent nécessairement dans tout type d'action. Ainsi, une action quelle qu'elle soit est nécessairement résultative, non résultative ou arésultative; elle est aussi nécessairement durative ou non durative, transitive ou intransitive; elle se déroule ou non dans l'espace.

Nous avons vu que le mode de déplacement et l'espace parcouru étaient dans une large mesure covariants; le paramètre de fréquence quant à lui varie en fonction de celui de durée et de celui d'espace. En effet, si une action se déroule dans l'espace (E10 ou E100), elle peut être fréquentative ou continue, mais si l'espace parcouru est nul, une action de déplacement qui dure est presque nécessairement répétitive [2], alors que pour une action très brève la distinction entre F et C perd son sens; il faut en effet une durée minimale pour décider si une action non spatialisée est de type continu ou fréquentatif. Le paramètre succès-échec est un peu marginal dans la mesure où son analyse nécessite une modification de la procédure et une « préparation » du sujet avant la réalisation de l'action.

b) Le délai de production (DP)

Nous avons choisi quatre intervalles séparant la fin de l'action du début de la production; un intervalle nul (DP0), un intervalle de 2 secondes (DP2), de 7 secondes (DP7) et de 25 secondes (DP25). L'intervalle DP2 a été utilisé « spontanément » lors de nos premières expériences; il ne nécessite aucune procédure spéciale; dès la fin de l'action, l'expérimentateur dit « Raconte », et le sujet décrit immédiatement l'action. L'intervalle DP7 a été choisi pour reproduire dans les délais d'énonciation une différence de durée analogue à celle proposée dans les actions (durée perçue et durée estimée de P. Fraisse). Après la fin de l'action, l'expérimentateur compte mentalement jusqu'à 5, dit « Raconte » et le sujet décrit l'action. Il s'agit en fait du plus grand délai tolérable par l'enfant si on ne le masque pas par une activité quelconque. Dans la situation DP0, une légère modification est apportée dans la mesure où l'expérimentateur ne pose plus de contrainte concernant le début de l'énoncé. La consigne est du type : « *Tu vas bien regarder ce qui se passe et tu racontes* », sans aucune mention du signal de la production. L'intervalle DP25 exige quant à lui une sérieuse modification de la procédure, dans la mesure où il est impossible de demander à l'enfant de postposer sa description

---

[2] Sauf dans le cas particulier des actions arésultatives.

de 25 secondes sans « occuper » cet intervalle d'une quelconque façon. Sur suggestion de P. Fraisse, nous avons adopté la technique suivante : deux expérimentateurs se tiennent dans deux salles différentes; le premier effectue l'action devant l'enfant en lui disant « *d'aller chez le monsieur (ou la dame) qui est dans la pièce à côté* ». La distance entre les deux locaux est telle qu'un enfant (« sans courir ») la parcourt en 25 secondes environ. Lorsque l'enfant arrive auprès de lui, le second expérimentateur dit « Raconte » et comme dans les autres procédures prend note de son énoncé.

3. LA TECHNIQUE DE PRODUCTION

L'expérimentateur, après avoir pris contact avec l'enfant, lui demande de nommer les différents jouets disposés devant lui sur la table; si l'enfant éprouve quelques difficultés à reconnaître ou à dénommer un des jouets, il lui suggère un nom et s'assure qu'il est capable de le répéter. En cas de conflit de désignation, c'est le nom choisi par l'enfant qui est adopté, pour autant qu'il ne crée pas de confusion. L'expérimentateur effectue ensuite, avec les jouets, diverses actions analogues à celles prévues au plan expérimental afin de s'assurer que l'enfant connaît bien les verbes servant ordinairement à désigner les actions proposées. Il faut noter que ces dernières ont été choisies de telle sorte qu'elles puissent être décrites par des verbes courants, dont la formation du passé ne pose pas de problèmes, et dont en outre on avait observé des formes de l'*imparfait* et du *passé composé* dans les énoncés spontanés d'enfants très jeunes.

La consigne est la suivante : « *Je vais faire un petit jeu devant toi; tu vas bien regarder tout ce qui se passe, et après, tu vas me raconter, sans rien oublier. Tu ne peux me raconter que lorsque je te le dirai* ». Cette consigne est éventuellement répétée, et sa compréhension testée de la manière suivante : l'expérimentateur effectue trois actions non prévues au plan expérimental (par exemple, « un singe prend un bébé dans ses bras », ou « une vache saute par-dessus un cheval ») en demandant après chacune d'elles une description à l'enfant. Au cours de ces productions d'essai, l'expérimentateur fait bien comprendre à l'enfant qu'avant de décrire l'action, il doit attendre que celle-ci soit terminée, et qu'un signal lui soit donné. Ces précautions ont pour but de garder constant, au cours de la même recherche, le délai de production.

Au cours de ces mêmes essais, lorsque l'enfant a produit un énoncé, l'expérimentateur pose parfois quelques questions du type « Et alors ? », « Et après ? », « Comment ? », en utilisant éventuellement des formes conjuguées (« Le singe, qu'est-ce qu'il a fait ? ») de manière à inciter l'enfant à donner une description plus complète de l'action proposée.

Dès que la procédure semble acceptée par l'enfant, la présentation des situations expérimentales débute; l'expérimentateur prend des jouets, effectue une action et dit simplement « Raconte ». Cet emploi exclusif de l'impératif présent constitue une nouvelle précaution; nous avons voulu en effet éviter le caractère suggestif des temps utilisés dans des questions comme « Qu'est-ce que tu as vu ? » ou « Qu'est-ce qui se passe ? ». A ces questions en effet, les enfants les plus jeunes (voire les adolescents et les adultes) répondent très fréquemment en utilisant le temps choisi par l'expérimentateur. Nous n'avons pas observé ce type d'imitation avec l'impératif. Lorsque l'enfant a donné sa première description de l'action, l'expérimentateur lui demande s'il n'a rien à ajouter (« C'est tout ? »). Si la première description ne mentionne pas l'action elle-même, mais le résultat par exemple (« le cheval est près de la ferme »), l'expérimentateur s'efforce d'obtenir une description de l'action, en prenant soin toutefois de ne pas employer de formes verbales conjuguées. Les énoncés de l'enfant sont enregistrés sur bande magnétique et simultanément pris en note par un ou plusieurs coexpérimentateurs.

Nous avons réalisé toutes nos expériences de production en nous efforçant de tenir compte des considérations suivantes : même si l'on centre une recherche sur une structure syntaxique particulière, tout ce qui se passe sous les yeux de l'enfant intervient au moment où on lui présente une action à décrire; l'attitude de l'expérimentateur, sa voix, la disposition des objets, leur couleur, forme, ainsi que tout l'environnement physique en général. Dans le monde de l'enfant, certaines caractéristiques des objets ou des actions ont une importance que parfois l'adulte ne soupçonne pas; à tout moment, un processus verbal attribué par l'expérimentateur au « circuit syntaxique » de la notion envisagée peut être interrompu en raison d'une évidence sémantique due à certains aspects de la situation ou à certaines propriétés de lexèmes. C'est ainsi que la position des objets, la configuration générale du dispositif expérimental joue un rôle au même titre par exemple que le caractère animé ou non des items lexicaux mentionnés. En fonction de ce qui précède, le dispositif expérimental a été standardisé au maximum (nombre de jouets, disposition sur la table, place des expérimentateurs, voix, etc.). Dans le choix de nos actions, en plus des précautions mentionnées plus haut, nous avons éliminé celles dont la description pouvait s'effectuer par des verbes se référant à une action dans laquelle actant et patient sont difficiles à distinguer (« embrasser » par exemple, non par puritanisme excessif, mais parce qu'il constitue presque toujours une action réciproque pour l'enfant) ou des noms de personnes ou d'animaux trop chargés affectivement (le lion, le gendarme, etc.). Tous nos objets sont en outre au moins en deux exemplaires ce qui oblige le sujet à effectuer un choix.

4. LA TECHNIQUE D'IMITATION

L'expérience est introduite par la consigne suivante : « je vais faire un petit jeu devant toi; tu vas bien regarder ce que je fais, et après, tu vas faire tout à fait la même chose que moi ! ». Comme dans l'expérience de production, l'expérimentateur teste la compréhension de la consigne par quelques items préliminaires. Il effectue ensuite les actions prévues au plan expérimental et dit à l'enfant : « tu fais la même chose ! ». Le sujet effectue alors une action que le coexpérimentateur décrit en chronométrant la durée et en se servant des points de repère de la table d'expérimentation pour les autres paramètres.

Deux expériences ont été réalisées; elles comportent chacune deux types d'actions à imiter :
— diverses actions simples présentant des caractéristiques semblables à celles choisies en production;
— une série d'actions décalées temporellement, spatialement ou spatio-temporellement, ainsi que des actions en rapport de successivité.

5. PLAN DE RECHERCHE

Nous avons entrepris une douzaine de recherches distinctes, organisées selon le canevas suivant.
1. Expériences de production chez les enfants.
   a) Délai de production de 2 secondes; *expériences de base.*
   b) Délai de production de 7 secondes.
   c) Délai de production de 25 secondes.
   d) Délai de production de 0 seconde.
2. Expériences de production chez les adolescents et les adultes, avec un délai de production de 2 secondes.
3. Expériences d'imitation chez les enfants.

6. POPULATION

Pour l'ensemble de nos expériences, 521 sujets ont été examinés. 357 enfants ont été soumis aux expériences de production; ils se répartissaient comme suit :

Groupes	I	II	III	IV	V
Ages	3;0/3;11	4;0/4;11	5;0/5;11	6;0/6;11	7;0/7;11
Nombre	73	82	66	72	64

Les adolescents étaient âgés de 11;1 à 13;0 ($N = 30$), et les adultes de 18 à 40 ans ($N = 38$).

Les expériences d'imitation ont été effectuées sur un groupe-contrôle de 106 enfants âgés de 3 à 8 ans et répartis en 5 groupes d'âge.

L'ensemble des enfants et des adolescents habitaient une « cité-dortoir » de la banlieue genevoise; dans ce quartier récent, la plupart des chefs de famille sont des ouvriers spécialisés ou de petits fonctionnaires. Le milieu socio-économique de nos sujets peut donc être qualifié de moyen inférieur. Il faut noter en outre que l'implantation des enfants dans cette cité est récente, et que l'origine des parents est très diverses (30 % de genevois).

Les « adultes » étaient des étudiants de première année en psychologie.

7. TRAITEMENT DES DONNEES

Nous avons effectué toutes nos analyses statistiques en utilisant le test du Khi carré. Dans l'interprétation des résultats de ces tests, nous avons considéré les différences obtenues comme non significatives si P est supérieur à .05, significatives si P est inférieur à .05, et très significatives si P est inférieur à .01.

C. RESULTATS

1. LES EXPERIENCES D'IMITATION

Les données obtenues dans les expériences d'imitation nous servent essentiellement de contrôle ou d'appoint dans l'interprétation des données recueillies par la technique de production. Si un sujet produit en effet le même temps du verbe lors de la description de deux actions présentant des caractéristiques très différentes, il nous paraît essentiel de nous assurer que le sujet a réellement appréhendé la différence entre les deux actions avant d'interpréter la similitude de production en termes psycholinguistiques. Certes, la technique d'imitation comporte, comme la technique de production, deux phases distinguables; l'appréhension de l'action et de ses caractéristiques, et la réalisation de la réponse. L'expérimentateur pourrait donc se trouver face au même dilemme que dans les expériences de production : la non reproduction d'une caractéristique de l'action procède-t-elle d'une incapacité « perceptive » ou d'une insuffisance motrice ? En réalité, les actions que nous avons présentées sont en général très simples et ne posent aucun problème moteur aux enfants mêmes les plus jeunes. D'autre part, dans l'impossibilité ou nous nous trouvons de présenter des situations ne fournissant que des données « perceptives », c'est-à-dire non réalisées dans un comportement moteur, la comparaison même de deux modes de réalisation différents peut nous fournir de précieuses indications.

Une action pour laquelle toutes les caractéristiques aspectuelles pertinentes ont été reproduites en imitation doit être considérée comme ne posant aucun problème « perceptif ». Par contre, si deux actions présentent du point de vue de l'expérimentateur des caractéristiques très différentes, qu'elles suscitent d'une part la production de deux temps identiques, et d'autre part une reproduction motrice négligeant les caractéristiques différentielles, on peut considérer alors le problème comme extralinguistique.

Nous avons présenté à nos sujets 12 situations à reproduire; quatre de ces situations étaient non résultatives (ex. : un cheval effectue trois tours dans une prairie), huit résultatives (ex. : un chat renverse une bouteille ou un camion roule jusqu'à un garage). Ces actions variaient en durée (D1 ou D10), en espace parcouru (E0, E10, E100) et en fréquence.

D'une manière générale, on peut affirmer que les actions ont été bien reproduites par l'enfant, et que les caractéristiques objectives mises en jeu dans nos situations sont appréhendées par la plupart des sujets. On observe néanmoins quelques imperfections dans les reproductions, imperfections qui diffèrent selon la nature de l'action-modèle.

Pour les actions résultatives, si l'espace parcouru est nul (E0), la reproduction est parfaite. S'il y a mouvement dans l'espace, l'action produite par l'enfant est généralement plus courte que celle du modèle, mais *le résultat de l'action est toujours clairement indiqué*. Pour les situations non résultatives, l'espace parcouru moyen des actions de l'enfant est légèrement inférieur à l'espace parcouru dans l'action-modèle, cependant, les variations individuelles sont très importantes; certains sujets raccourcissent considérablement les actions, alors que d'autres les allongent sensiblement. La caractéristique « présence ou absence de résultat » influence donc les capacités de reproduction d'une action par l'enfant.

Le paramètre de durée semble assez négligé par les enfants; si l'action est très brève, elle est bien reproduite, mais si elle dure plus longtemps, la qualité de la reproduction s'atténue; les sujets choisissent souvent une durée « moyenne », intermédiaire par rapport aux durées présentées par l'expérimentateur, et partiellement dépendante de l'espace à parcourir. Il semble en réalité qu'ils appréhendent une vitesse de déplacement plutôt qu'une durée.

Toutes les autres caractéristiques de l'action (notamment fréquence et transitivité) sont bien reproduites. Nous pouvons donc affirmer que les actions présentées ne posent guère de problèmes « perceptifs » aux enfants de 3 à 8 ans.

2. LES EXPERIENCES DE PRODUCTION

Ces expériences seront présentées dans les chapitres IV, V et VI, selon le schéma suivant :

— Expérience de base : la production des marques aspectuelles et temporelles chez les enfants de 3 à 8 ans, lorsque le délai de production est de deux secondes.
— L'incidence des variations de délai de production sur les résultats obtenus dans l'expérience de base (délais de 7, 25 et 0 secondes).
— La production des marques aspectuelles et temporelles chez les adultes et les adolescents.

CHAPITRE IV

LA PRODUCTION DES MARQUES ASPECTUELLES ET TEMPORELLES CHEZ LES ENFANTS DE TROIS A HUIT ANS

Les expériences qui seront relatées dans ce chapitre ont été réalisées avec un délai de production de deux secondes : dès que l'expérimentateur a réalisé une action, il demande à l'enfant de la décrire. Ce type de situation, qui met en jeu la relation de simultanéité la plus naturelle entre événement et énoncé, nous a paru le plus pertinent pour l'analyse de l'incidence des caractéristiques de l'action sur les énoncés produits.

Pour les quelques caractéristiques que nous avons étudiées (résultat, durée, espace parcouru, etc.), le nombre de combinaisons possible s'élève à 144. Bon nombre de ces associations de caractéristiques ne sont toutefois que théoriquement possibles (cf. p. 43), et certaines ne peuvent être réalisées en actions jouables par l'expérimentateur. Nous n'avons donc pu retenir que quelques dizaines de combinaisons qui ont été présentées en trois expériences distinctes. La première de celles-ci était centrée sur l'opposition résultatif-non résultatif, ainsi que sur les paramètres de durée et d'espace. La seconde analysait plus en détail le rôle de la fréquence, de la transitivité et de la réussite de l'action. La troisième enfin abordait le problème des actions arésultatives.

Les résultats les plus importants et les plus clairs ont été obtenus dans notre première recherche, qui sera la seule que nous présenterons en détail.

PROCEDURE EXPERIMENTALE

Dans cette expérience, quatorze actions ont été présentées à septante-sept enfants de 3;0 à 7;11 ans; neuf de ces actions étaient résultatives, cinq non résultatives.

Pour les actions résultatives, nous avons fait varier systématiquement les paramètres de durée et d'espace parcouru. Les actions jouées durent une seconde (D1), 3 ou 5 secondes (D3/5), ou encore dix secondes (D10). L'espace parcouru peut être nul (E0), couvrir dix centimètres (E10) ou un mètre (E100). Les neuf combinaisons possibles de ces deux paramètres peuvent être réalisées par les situations qui suivent:

Tableau 4
Expérience I; les 9 situations résultatives

	E0	E10	E100
D1	1. Le chat renverse la bouteille.	2. Le cerf saute par-dessus la barrière.	3. Une auto de course fonce jusqu'aux maisons.
D5	4. Le singe caresse le chien qui aboie.	5. La tortue avance jusqu'aux maisons.	6. L'oiseau vole sur le toit de la maison.
D10	7. La maman lave le bébé.	8. La dame avance (mécaniquement) vers une voiture.	9. La dame pousse la poussette jusqu'à la maison.

Comme on le constate, seules les dimensions de durée et d'espace parcouru varient systématiquement dans ce groupe d'actions; le caractère de transitivité (+ pour les actions 1, 2, 4, 7, 9 et — pour les actions 3, 5, 6, 8) de même que celui de fréquence sont distribués au hasard; leur rôle ne sera dès lors analysé qu'accessoirement dans le cadre de cette première recherche.

Toutes les situations choisies satisfont à la condition minimale d'existence d'un résultat; elles peuvent donc être définies comme résultatives. Il est possible cependant d'assortir cette conception de deux conditions plus restrictives: 1. Distinction possible entre deux phases de l'action, le déroulement et le résultat; 2. Existence d'un lien fonctionnel clair entre ces deux phases de l'événement. Si l'on adopte cette définition « forte » du caractère résultatif, on constate qu'une partie seulement de nos situations y satisfait. En effet, toutes les actions qui durent plus d'une seconde et se déroulent dans l'espace (2, 3, 5, 6, 8, 9) peuvent se décomposer en une partie « trajet » (phase-déroulement) et une partie « arrêt » (phase-résultat); entre le déroulement et l'achèvement, il existe en outre un lien fonctionnel dans la mesure où le mobile se déplace manifestement vers le point fixe d'arrêt (maison, garage ou salade). En ce qui concerne la situation 1, bien que la phase-déroulement soit extrêmement brève, la distinction entre déroulement et résultat est également possible, et le lien fonctionnel est sans équivoque.

Les situations 4 et 7 ne satisfont pas quant à elles aux deux conditions supplémentaires; pour la situation 4, la phase-déroulement est très nettement distincte du résultat (« le chien aboie »), mais par contre ce résultat ne constitue qu'une ponctuation extrinsèque de l'action elle-même; le lien fonctionnel entre la caresse et l'aboiement n'est pas du tout évident. Pour la sit. 7 (« la maman lave le bébé »), la propreté du bébé est la conséquence la plus normale de l'action de la maman; le lien fonctionnel existe donc, mais par contre déroulement et résultat sont indissolublement liés; dès que la maman commence à laver, le bébé est moins sale.

Cette différence entre les situations 4 et 7 d'une part, et les autres situations résultatives d'autre part, illustre bien la redondance des caractéristiques de l'action, et la difficulté d'établir un plan d'expérience sans lacunes; en effet, les contraintes de nos situations expérimentales sont telles que, dès qu'une action se déroule sur place (E0) pendant un certain temps (D5 ou D10), elle est répétitive, et ne peut satisfaire qu'à une des deux conditions fortes de « résultativité ». Nous qualifierons désormais les situations 4 et 7 de résultatives faibles, et les autres situations, de résultatives fortes.

Pour les actions non résultatives, nous n'avons fait varier systématiquement que le mode de déplacement, l'analyse théorique ayant révélé le peu d'importance, pour ce type d'action, des variations de durée et d'espace. Les situations suivantes ont été choisies :
— Déplacement rectiligne (MR).
  11. Un poisson nage en zig-zag d'un côté à l'autre du « lac » (E30 D5).
— Déplacement circulaire (MC).
  12. Le canard nage en rond dans le lac (D10).
  13. Le cheval tourne en rond dans la prairie (D15).
— Déplacement nul (M0).
  14. La toupie tourne sur place (D10).
  15. La balle flotte dans l'eau (D5).

Nous avons déterminé au hasard un ordre de présentation des items :
— Le chat renverse la bouteille (sit. 1).
— Le poisson nage en zig-zag (sit. 11).
— L'oiseau vole jusqu'au toit d'une maison (sit. 6).
— La maman lave son bébé (sit. 7).
— La toupie tourne (sit. 14).
— Le cerf saute par-dessus la barrière (sit. 2).
— Le cheval tourne dans la prairie (sit. 13).
— La tortue avance jusqu'aux maisons (sit. 5).
— La dame pousse la poussette jusqu'aux maisons (sit. 9).
— Une balle flotte sur l'eau (sit. 15).
— Une auto de course fonce jusqu'aux maisons (sit. 3).
— Le singe caresse le chien (sit. 4).

— Un cygne nage en rond (sit. 12).
— La dame avance très lentement jusqu'à la voiture (sit. 8).

LES DONNEES RECUEILLIES

Les données brutes obtenues par l'expérimentateur sont de type individuel; pour chaque sujet, nous disposons d'un protocole dans lequel sont consignées les descriptions de chacune des situations. En voici quelques exemples typiques [1] :

Fab., 3;1 ans

(1) ...Il a fait tomber par terre... *Quoi ?*... (2) Y saute. (3) ...Y va dans la maison. (4) Elle nettoie... *Qui ?* ...(5) ...Tortue... *Quoi ?*... Tortue... *Elle ?*... Elle bouge. (6) ... (7) La dame... *La dame ?*... Elle nettoie. (8) Elle... bouge. (9) Y poussait. (11) Un poisson... *Quoi ?*... Y va dans l'eau. (12)... Tourne dans l'eau. (13)... Y tourne. (14) ... Elle tourne. (15) Une bille... (Quoi ?)... Elle va dans l'eau.

Ann., 4;6 ans

(1) Il a fait tomber la bouteille. (2) Elle a sauté ... *Qui ?* ... Un cheval. (3) Elle a roulé. (4) Le singe, y touche... *Qui ?* ... Le chien. (5) Elle a marché. (6) Y saute vers la maison, le poussin. (7) Il le nettoie. (8) Elle était vers la voiture. (9) Elle revient vers la maison la petite fille. (11) Y nage dans l'eau. (12) Il a nagé dans l'eau. (13) Il a marché. (14) Elle a tourné. (15) La boule, elle est dans l'eau.

Mar. 5;6 ans

(1) Le chien jette la bouteille. (2) La chèvre a sauté la barrière. (3) La voiture... elle est roulé. (4) Le singe caresse le chien. (5) La tortue a été regarder dans le trou. (6) Le poussin est volé sur sa maison. (7) La p'tite fille lui lave. (8) Le monsieur était dans sa voiture. (9) La petite fille pousse la poussette. (11) Le poisson nage. (12) Le canard, il est dans l'eau. (13) Le cheval est tourné. (14) Il roule... *Quoi ?* La toupie ... la toupie roule. (15) La boule, elle est dans l'eau.

Vér., 7;0 ans

(1) Le chien qui a renversé une bouteille. (2) Un cerf qui saute sur une barrière. (3) Il y a une voiture qui roule. (4) Une fille qui caresse un chien. (5) La tortue avance. (6) Un oiseau qui va sur le toit d'une maison. (7) Elle le lave... *Qui ?* ... La fille. (8) Il y a une dame qui avance. (9) Il y a une fille qui pousse la poussette du bébé. (11) Y nage. (12) Il y a un cygne qui est dans l'eau... Il avance. (13) Le cochon qui fait deux tours dans la prairie. (14) La toupie tourne. (15) Il y a une balle qui est dans l'eau.

Pour chacun de ces protocoles, nous avons extrait les marques de surfaces susceptibles d'exprimer l'aspect et/ou le temps, à savoir les racines verbales, les temps du verbe, les adverbes et les compléments indiquant le résultat de l'action. Nous avons analysé et classé ces marques en nous soumettant à quelques règles de caractère opérationnel.

Nous avons exclu de l'analyse, d'une part les énoncés qui ne décrivaient que l'état résultant de l'action effectuée (Thi., 3;6 ans, (6)) : « Il est sur la

---

[1] Les énoncés ont été classés selon l'ordre du plan expérimental.

maison, le poussin »), d'autre part, ceux qui ne consistaient qu'en énumérations. Les énoncés pris en considération contiennent donc au moins une forme verbale, et décrivent un ou plusieurs aspects dynamiques de la situation.

En ce qui concerne les marques de la conjugaison, nous avons doté chaque situation d'un coefficient « temps du verbe » d'une unité; lorsqu'un seul temps du verbe est produit pour décrire une situation, on lui attribue l'entièreté du coefficient; lorsque deux temps différents sont produits (Rém., 7;2 ans, (14) : « La toupie tourne, la toupie tournait »), ils reçoivent un coefficient de 0,5, lorsque trois temps sont produits, le coefficient est de 0,33 etc.

Les marques de la conjugaison relevées dans les énoncés ont été nombreuses, variées, et parfois incorrectes; nous les avons regroupées en trois rubriques :
— *Passé composé* (PC)
 a) « il a sauté », « il a volé »;
 b) « il est parti », « il est sorti »;
 c) « il est sauté », « il est marché »;
— *Présent* (Pr)
 a) « elle marche », « il saute »;
 b) « elle fait rouler »;
— *Imparfait* (I)
 a) « elle marchait », « elle voulait aller »;
 b) « elle était partie », « il était allé »;
 c) « elle était marchée ».

Comme il ressort des exemples, nous avons classé dans ces trois catégories aussi bien des énoncés corrects qu'incorrects, pour autant que ces derniers comportent un marqueur temporel clair; les auxiliaires modaux ont été classés en fonction de leurs marques temporelles. On notera également que certaines formes du *plus-que-parfait*, très rares, ont été regroupées avec les formes de l'*imparfait*. Ce regroupement, à caractère opérationnel — répétons-le —, ne préjuge en rien de l'intérêt de l'étude des sous-catégories, ainsi d'ailleurs que des énoncés exclus de l'analyse.

En ce qui concerne le choix des racines verbales, nous n'avons pu opérer de classification générale; pour chaque situation, nous avons dressé l'inventaire des items choisis, puis nous les avons regroupés en quelques classes sémantiques. Plusieurs verbes pouvant être produits lors de la description d'une même situation, nous avons adopté le même système de pondération que pour les temps du verbe.

Les adverbes temporels ou aspectuels, de même que les syntagmes indiquant le résultat sont moins fréquents que les marques verbales; ils ont fait l'objet d'une étude plus « impressionniste ».

I. LA PRODUCTION DES TEMPS DU VERBE

Pour l'ensemble de nos situations, nos septante-sept sujets ont produit 1.078 énoncés; nous en avons exclu 98, de sorte que notre étude porte sur 980 énoncés contenant une ou plusieurs formes verbales conjuguées.

A. LES DESCRIPTIONS SYSTEMATIQUES

Une douzaine de sujets décrivent toutes les situations en utilisant un seul et même temps du verbe; pour eux, le choix de la flexion verbale semble totalement indépendant des caractéristiques aspectuelles de l'action. Comme l'indique le tableau 5, le *présent* est choisi dans presque tous les cas, ce qui pourrait indiquer que, pour ces sujets, la flexion verbale assume une fonction de relateur temporel. Cette hypothèse est renforcée par le caractère tardif des descriptions « systématiques »; celles-ci n'apparaissent en effet de manière constante qu'aux groupes d'âges III, IV et V, et plus précisément, à partir de 5;6 ans. Ces données ne constituent qu'une indication de départ, qui sera discutée plus loin.

Tableau 5
La répartition des descriptions systématiques par groupes d'âges

Groupes d'âges	Nombre de sujets utilisant systématiquement	
	le *présent*	le *passé composé*
I	1	0
II	0	0
III	2	0
IV	4	1
V	4	0

B. ANALYSE GLOBALE DE LA REPARTITION DES TEMPS

Pour l'ensemble des descriptions (systématiques comprises) fournies par nos sujets, les temps des verbes se distribuent de la manière suivante : 531 *présents* (54 %), 388 *passés composés* (39 %) et 61 *imparfaits* (7 %). La production de l'*imparfait* est donc nettement la plus discriminative. Cependant, comme nous le verrons plus loin, l'évolution génétique de la production de ce temps semble liée à celle du *présent*; lorsque le *présent* est utilisé abondamment, l'*imparfait* apparaît presque toujours; si au contraire, le *présent* cesse d'être utilisé, l'*imparfait* disparaît aussi. C'est pour cette raison que nous avons utilisé le *passé composé* comme critère de la classification (provisoire) de nos situations.

Tableau 6
Classification provisoire des situations en fonction du pourcentage de passés composés *produits lors de leur description.*

Situations	Temps du verbe choisis		
	Passés composés	*Imparfaits*	*Présents*
1. (R.D1.EO)	83	0	17
2. (R.D1.E10)	77	0	23
3. (R.D1.E100)	54	10	36
6. (R.D5.E100)	52	3	45
9. (R.D10.E100)	42	10	48
4. (R.D5.EO)	42	0	58
14. (NR.D10.MO	41	3	56
8. (R.D10.E10)	36	20	44
5. (R.D5.E10)	36	10	54
13. (NR.D5.MC)	35	4	61
7. (R.D10.EO)	32	3	65
11. (NR.D3.MR)	12	6	82
12. (NR.D10.MC)	9	9	82
15. (NR.D5.MO)	6	9	85

Le tableau 6 fait apparaître des différences extrêmement importantes dans la répartition des temps, différences qui tiennent essentiellement au dosage des *présents* et *passés composés*. Les situations 1 et 2 d'une part, 11, 12 et 15 d'autre part, fournissent les résultats les plus clairement opposés; utilisation presque exclusive du *passé composé* dans le premier cas, du *présent* dans le second. Or, les situations 1 et 2 sont définies comme résultatives et non duratives, les situations 11, 12 et 15 comme non résultatives. En première analyse, la présence ou l'absence d'un résultat semble donc exercer une grande influence sur le choix des temps du verbe.

En ce qui concerne la durée, on remarque que parmi les situations résultatives, les actions duratives (D3/5 et D10) donnent toujours lieu à plus de descriptions au *présent* et à l'*imparfait* que les actions non duratives (D1). La durée semble donc elle aussi pertinente pour le choix des temps.

Cette classification en fonction des pourcentages de temps choisis prend en réalité la forme d'un continuum, avec à une extrémité les situations résultatives non duratives (suscitant surtout le *passé composé*), et à l'autre extrémité certaines situations non résultatives (donnant lieu surtout à des *présents*). Au centre de l'axe de continuité, on trouve des situations résultatives duratives, résultatives faibles, ainsi que certaines situations non résultatives.

Sur la base de ces quelques indications de départ, il nous a paru légitime d'analyser séparément les descriptions des situations résultatives et celles des situations non résultatives. Nous regrouperons ensuite ces descriptions pour en fournir une interprétation d'ensemble.

Tableau 7
Répartition des trois catégories de temps utilisées par l'ensemble de nos sujets pour décrire les 9 situations résultatives.

Espace parcouru	Durée														
	D1					D 3/5					D10				
	Sit.	P-C	Pr.	I	Ex.	Sit.	P-C	Pr.	I	Ex.	Sit.	P-C	Pr.	I	Ex.
E 0	1	60	12	0	5	4	30	41	0	6	7	23	46	2	6
E 10	2	54	16	0	7	5	26	39	7	5	8	25	31	14	7
E 100	3	37	25	7	8	6	32	28	2	15	9	29	34	8	6

1. *Les descriptions des actions résultatives*

Pour l'ensemble des situations résultatives, les temps du verbe produits se distribuent de la manière suivante : 316,5 *passés composés* (50 %), 272 *présents* (43 %), et 39,5 *imparfaits* (7 %). La répartition de ces trois classes de temps pour chacune des neuf situations est présentée dans le tableau 7. Deux tendances assez claires apparaissent à la lecture de ce tableau;

— d'une part, la diminution de l'utilisation du *passé composé* en fonction de l'augmentation de la durée de l'action, et à l'intérieur des actions D1, en fonction de l'augmentation de l'espace parcouru;

— d'autre part, l'apparition de l'*imparfait* dans toutes les situations où l'espace parcouru est long (E100), et dans celles à espace moyen (E10) si la durée est moyenne ou longue (D3/5 ou D10).

Ces deux tendances ont été confirmées et précisées par les données de l'analyse statistique. En ce qui concerne la durée, si l'on groupe les actions équivalentes (D1, D3/5, D10), on observe des différences de répartition des temps qui sont globalement très significatives ($X^2 = 66,48$). Les indices statistiques partiels démontrent en outre que cette signification résulte principalement de la différence de distribution du *présent* et du *passé composé* dans la description des situations brèves (D1), et à un moindre niveau, de la différence de répartition des trois temps dans les descriptions d'actions de longue durée (D10). La répartition des temps est également dépendante de l'espace parcouru dans l'action à décrire; si l'on groupe les actions équivalentes (E0, E10, E100), on obtient des différences qui sont globalement significatives ($X^2 = 16,47$). Les indices statistiques partiels démontrent que cette signification globale ne procède que de la différence d'emploi de l'*imparfait* entre descriptions de situations non spatialisées (E0) et spatialisées (E10 et E100).

Nous avons analysé également l'influence du facteur de durée dans la description d'actions à espace constant, de même que celle du facteur espace dans la description d'actions à durée constante. La première analyse révèle que le paramètre de durée exerce le plus d'importance sur le choix des temps lorsque l'espace est nul (E0), et que cette influence décroît avec l'accroissement de l'espace, au point de devenir statistiquement non significative lorsque l'espace est long (E = 100).

La seconde analyse indique une interdépendance du même type, à savoir une diminution de l'influence du paramètre d'espace parcouru (qui est significative en D1) en fonction de l'accroissement de durée.

Les résultats que nous venons d'analyser avaient trait exclusivement au rôle des trois facteurs mis en jeu dans notre plan expérimental, à savoir le résultat de l'action, sa durée et l'espace parcouru. Comme nous l'avions noté cependant (cf. p. 50), ces facteurs n'étaient pas strictement contrôlés, étant donné les caractéristiques particulières des situations 4 et 7 que nous avons qualifiées de « résultatives faibles ». Rappelons que ces actions se différencient du reste des actions résultatives par le type de lien fonctionnel qui existe entre la phase-déroulement et la phase-résultat; en outre, elles sont fréquentatives (5 portions d'actions identiques pour la sit. 4, 10 pour la sit. 7), alors que toutes les autres sont continues. Cette différence au niveau de l'action en provoque une autre au niveau des énoncés produits; les enfants ne décrivent jamais de résultats pour les deux actions répétitives. (Ex. : « La maman, elle lave le bébé »), alors qu'ils le font très fréquemment dans le cas des actions continues (Ex. : « Elle va *au garage*, la voiture ». Enfin, comme nous le verrons plus loin dans l'analyse génétique, les courbes d'évolution des réponses à ces deux situations se différencient nettement des courbes obtenues pour les autres situations. En raison de cette originalité des situations résultatives faibles, les différences statistiques mises en évidence dans le groupe E0 peuvent résulter aussi bien de différences de durée que de différences de « résultativité » de l'action.

Les groupes de situations E10 et E100 sont plus homogènes, dans la mesure où toutes les actions sont unitaires et où le lien fonctionnel entre déroulement et résultat est de même type. Dans les descriptions des sujets, on observe pour ces situations, une décroissance du *passé composé* liée à l'augmentation de la durée, celle-ci n'étant cependant statistiquement significative que pour le groupe E10. En réalité, dans ces deux groupes de situations, le facteur en jeu semble être la vitesse plutôt que la durée; en effet, si la durée de l'action s'accroît alors que l'espace parcouru reste stable, la vitesse de déplacement du mobile décroît.

On pourrait donc penser que nos sujets choisissent plutôt le *passé composé* pour décrire les actions rapides, et le *présent* pour parler des actions lentes. La différence entre les résultats obtenus en E10 et E100 pourrait s'expliquer par une accentuation du contraste de vitesse lorsque l'espace parcouru est court.

Cette importance de la vitesse de l'action dans le choix des temps nous a conduit à formuler une hypothèse interprétative d'ordre général : *la caractéristique de l'action résultative qui exerce une influence déterminante sur le choix du temps du verbe par l'enfant, est la présence ou l'absence d'un intervalle entre le début et l'achèvement de l'action, que cet intervalle soit spatial ou temporel.* En fonction de cette hypothèse, quatre types de situations sont à distinguer : 1. Celles qui mettent en jeu des actions sans intervalle, c'est-à-dire dans lesquelles le résultat est immédiat (sit. 1; un chat renverse une bouteille); 2. Celles qui mettent en jeu des actions dotées d'un intervalle spatial de déroulement (sit. 3; une auto de course parcourt 100 cm en 1 sec.); 3. Celles pour lesquelles le résultat de l'action est atteint après un délai à la fois spatial et temporel (ex. : sit. 9; une dame pousse une poussette jusqu'à la maison durant 10 sec.); 4. Celles enfin qui se caractérisent par la présence d'un intervalle temporel avant l'achèvement de l'action; ce sont ces situations que nous avions qualifiées de résultatives faibles antérieurement.

Si l'on revient aux résultats de nos analyses statistiques, on observe que des différences statistiquement significatives n'ont été obtenues que dans les groupes qui opposaient une ou plusieurs actions instantanée(s) à une ou plusieurs actions dotées d'un intervalle. C'est ainsi que les différences de répartition des temps sont significatives dans les groupes E0 et E10, qui opposent une action instantanée à deux actions « à intervalle », mais non significatives en E100, qui regroupe trois actions dotées au moins du délai spatial (les 100 cm à parcourir). De la même manière, la différence de répartition des temps est significative dans le groupe D1 qui oppose deux actions instantanées à une action « à intervalle », mais non significative dans les groupes D3/5 et D10 composés uniquement d'actions à intervalle.

Il ressort des analyses et interprétations que nous venons de présenter que l'enfant opère implicitement une classification des situations résultatives qui est sensiblement différente de celle de notre plan expérimental. Cette classification repose sur deux critères convergents : la prise en considération du résultat de l'action (plus ou moins probable selon que l'action est résultative forte ou résultative faible), et la présence ou l'absence d'un intervalle de réalisation spatial ou temporel. Quatre catégories de situations doivent être distinguées :

A. (Sit. 1 et 2) *Actions résultatives fortes instantanées.* Il s'agit d'actions de durée brève (1 sec.) se déroulant sur un espace nul ou court; le déroulement est réduit à sa plus simple expression, et le résultat immédiat.

B. (Sit. 3 et 6) *Actions résultatives fortes à intervalle spatial*. Ces actions sont relativement brèves (1 et 3 sec.), et l'espace parcouru est long (100 cm); le déroulement de l'action réside essentiellement dans le parcours et le résultat est *rapidement* obtenu.

C. (Sit. 5, 8, 9) *Actions résultatives fortes à intervalle spatio-temporel*. Ces situations se caractérisent surtout par leur lenteur; les actions se déroulent sur un espace de 10 cm ou plus, avec une durée de 5 ou 10 sec.; le déroulement de l'action se caractérise surtout par la durée, et le résultat est atteint lentement.

D. (Sit. 4 et 7) *Actions résultatives faibles avec intervalle temporel*. Ces actions se différencient des précédentes par leur aspect répétitif et par le lien moins fort existant entre déroulement et résultat (cf. plus haut).

Le tableau 8 nous montre que la répartition des trois temps utilisés est plus dépendante des catégories que nous venons de définir que des simples paramètres de durée et d'espace. Nous obtenons en effet un X_8^2 global de 99,30 qui est très largement significatif. Il illustre en outre assez clairement la différence existant entre les catégories A, B et C d'une part et D d'autre part. Pour les trois premières, on observe une décroissance régulière

Tableau 8
Répartition des temps des verbes selon les catégories subjectives A, B, C et D.

CATEGORIES		P-C	Pr.	I.	T. Rp.
A.	Rp.	114	28	0	142
	F.T.	71,56	61,5	8,93	
	X^2	25,17	18,52	8,93	
B.	Rp.	69,5	52,5	9	131
	F.T.	66,02	56,74	8,24	
	X^2	0,18	0,32	0,07	
C.	Rp.	80	104,5	28,5	213
	F.T.	107,35	92,25	13,4	
	X^2	6,97	1,63	17,02	
D.	Rp.	53	87	2	142
	F.T.	71,56	61,5	8,93	
	X^2	4,81	10,57	5,38	
T.Rp.		316,5	272	39,5	628

Catégories A, B, C et D; $X_8^2 = 99,30$; significatif à P.01

du *passé composé* (respectivement 80 %, 53 % et 38 %), et surtout une croissance simultanée du *présent* et de l'*imparfait*.

Ce dernier point nous paraît important car d'une part, il confirme que l'évolution de l'*imparfait* suit celle du *présent*, et, d'autre part, il montre que ce temps rare apparaît presque exclusivement dans les descriptions d'actions se déroulant dans l'espace, avec une fréquence d'autant plus grande que ces actions sont lentes.

La dernière catégorie (D) présente un pourcentage de *passés composés* analogue à celui de la catégorie C (37 %), mais par contre on n'y observe pratiquement pas d'*imparfaits* (1 %).

Discussion

Les actions dont nous venons d'analyser les descriptions étaient définies comme résultatives, dans la mesure où un résultat clairement appréhendable (du point de vue de l'expérimentateur) sanctionnait la fin de l'action.

En outre, elles étaient construites de manière à contrôler l'influence de deux paramètres objectifs, la durée et l'espace parcouru.

Les choix de temps du verbe par l'enfant sont dépendants de ces trois paramètres objectifs, mais ils ne le sont que partiellement; en réalité, l'enfant a son mode propre d'appréhension et d'interprétation des paramètres considérés comme objectifs par l'adulte, et c'est de ce travail subjectif sur les paramètres objectivement définis que dépend le choix du temps des verbes.

Ainsi, d'une part, l'enfant ne décrit jamais le résultat des actions résultatives faibles; il y a tout lieu de penser qu'il ne le prend pas en considération. Ces actions sont donc résultatives pour l'expérimentateur, et apparemment non résultatives pour l'enfant. D'autre part, pour les actions résultatives fortes, l'enfant se centre sur une caractéristique de vitesse d'achèvement, ou d'intervalle de réalisation de l'action, plutôt que sur les paramètres strictement définis de durée et d'espace parcouru.

Dans la description des actions résultatives fortes, le *passé composé* est le temps le plus utilisé; la fréquence de son emploi décroît cependant lorsque le délai global de réalisation de l'action s'accroît (c'est-à-dire de la catégorie A à C); il est alors remplacé par le *présent* ou par l'*imparfait* lorsque l'action est longue et lente. Dans la description des actions résultatives faibles, le *présent* est légèrement plus utilisé que le *passé composé* et l'*imparfait* n'apparaît pas.

2. *La description des actions non résultatives*

Pour l'ensemble des situations non résultatives, la distribution des temps s'établit de la manière suivante : 259 *présents* (72 %), 71,5 *passés composés* (20 %) et 27,5 *imparfaits* (8 %). Cette distribution est nettement différente de celle obtenue pour les situations résultatives (respectivement 43 %, 50 % et 7 %). Le tableau 9 présente la répartition des flexions verbales choisies dans la description de chacune des situations non résultatives. Comme on le constate, le choix du temps semble être indépendant du mode de déplacement; il ne semble pas non plus qu'il varie en fonction de la durée totale de l'action. Les analyses statistiques confirment ces impressions; les variations du mode de déplacement, pas plus que celles de durée n'entraînent de différences significatives dans la répartition des temps.

En réalité, les résultats obtenus nous conduisent à distinguer deux groupes de situations; celles où l'action s'effectue sur la terre ferme, avec un déplacement circulaire concentrique (sit. 13 et 14), et celles où l'action s'effectue sur l'eau (actions de nager et de flotter aux sit. 11, 12 et 15). Dans le premier groupe, les *présents* sont les temps les plus fréquemment produits (58 %); les *passés composés* sont moins utilisés (38 %), et les *imparfaits* rares (3 %). Le second groupe se caractérise quant à lui par un emploi presque exclusif du *présent* (84 % des temps choisis). Cette différence d'emploi des temps est statistiquement très significative ($X^2 = 46,58$).

Les deux situations du premier groupe présentent des actions répétitives qui se déroulent sur la terre ferme sans qu'un résultat tangible soit obtenu (ex. : sit. 13; un cheval tourne plusieurs fois autour de la prairie). Dans leurs descriptions, les enfants n'attribuent jamais de résultat à l'action et choisissent des temps du verbe qui se répartissent comme suit : 58 % de *présents*, 38 % de *passés composés* et 3 % d'*imparfaits*. Ces résultats sont presque identiques à ceux que nous avions obtenu dans la description des actions résultatives faibles. Les enfants semblent donc traiter de la même manière (du moins en ce qui concerne la mention du résultat et le choix des temps du verbe) des actions dotées d'un résultat faiblement lié au déroulement, et d'un intervalle de réalisation temporel (sit. 4 et 7), et des actions sans résultat, dotées d'un intervalle de réalisation spatio-temporel (sit. 13 et 14). La seule caractéristique objective commune à ces actions est la répétitivité; mais pour l'enfant, elles présentent une autre similitude, l'absence de résultat digne d'être pris en considération.

Les situations du second groupe présentent des actions qui se déroulent en milieu aquatique sans qu'un résultat tangible soit obtenu; le déroulement de l'action peut être statique, rectiligne ou circulaire concentrique. Les enfants décrivent ces trois actions en insistant généralement sur le déroulement de l'action, sans jamais mentionner un résultat ou un but éventuel (« il est *en train* de nager »). La répartition des temps choisis se caractérise par une absence presque totale (8 %) du *passé composé*. Si l'on cherche une caractéristique spécifique (c'est-à-dire autre que l'absence de résultat) qui soit commune à ces trois actions, on est obligé d'introduire une nouvelle fois un facteur non isolé dans le plan expérimental, à savoir la nature même de l'action réalisée. L'action de nager (de la part d'un cygne ou d'un poisson en tout cas) est considérée par l'enfant comme intrinsèquement non résultative;

le déroulement est l'essence même de l'action; le poisson nage, comme l'oiseau vole, le vivant respire, etc.

Il semble bien, à la lumière de cette analyse, que l'on puisse distinguer deux catégories d'actions non résultatives du point de vue de l'enfant; la catégorie D, pour laquelle nous allons formuler une définition plus générale, et la catégorie E.

D. (Sit. 4, 7, 13 et 14) *Actions non résultatives accidentelles.* Il s'agit d'actions généralement répétitives qui n'ont pas de résultat du point de vue de l'enfant, mais qui pourraient en être dotées par un simple changement de présentation. Ainsi, pour la situation 13, lorsque la trajectoire circulaire du cheval devient rectiligne, l'enfant lui attribue presque automatiquement un résultat. De la même manière, pour la situation 7, lorsque la mère enlève ostensiblement une saleté à un endroit précis, l'action devient résultative instantanée.

E. (Sit. 11, 12 et 15) *Actions non résultatives intrinsèques.* Ces situations mettent en jeu des actions qui par nature ne constituent qu'un déroulement du point de vue de l'enfant; quel que soit le mode de présentation, l'action reste non résultative. Ainsi, lorsqu'on modifie la situation 11 en introduisant un point de l'espace marqué en guise d'achèvement de l'action, les sujets ne modifient aucunement leurs descriptions.

3. *Synthèse*

Les caractéristiques de l'action isolées dans notre plan expérimental influencent très clairement le choix des temps du verbe chez l'enfant. La dépendance de la production des temps par rapport aux paramètres objectifs n'est cependant pas directe; tout se passe comme si l'enfant attribuait à chaque action un taux de « résultativité », en effectuant une « interprétation » aspectuelle sur la base des caractéristiques objectives présentées. Cette interprétation aspectuelle lui permet d'établir un continuum d'actions allant des résultatives claires aux non résultatives évidentes. Les résultats obtenus dans le cadre de cette première recherche nous permettent de définir cinq catégories sur ce continuum.

A. Actions nettement résultatives; le déroulement est presque inexistant, le résultat obtenu immédiatement.

B. Actions résultatives; le résultat est obtenu très rapidement, mais il est distinguable du déroulement en raison de l'espace parcouru.

C. Actions résultatives lentes; un résultat clair est obtenu après un déroulement lent et donc très prégnant.

D. Actions répétitives, cycliques, pour lesquelles l'enfant ne prend pas en considération un résultat éventuel.

E. Actions non résultatives; l'action se définit par son caractère de déroulement permanent, sans qu'un résultat soit envisageable.

La répartition des temps utilisés pour la description des actions de ces cinq catégories est statistiquement très différente, ainsi que le montre le tableau 9; de manière générale, de A à E, la proportion des *présents* augmente, celle des *passés composés* diminue.

Remarquons enfin que si, pour l'expérimentateur, la frontière entre actions résultatives et non résultatives passe à l'intérieur de la catégorie D, pour les enfants, elle se situe nettement entre les catégories C et D.

Tableau 9
Répartition des temps des verbes en fonction des catégories A, B, C, D et E.

CATEGORIES		P-C	Pr.	I.	T. Rp.
A.	Rp.	114	28	0	142
	F.T.	56,22	76,94	8,84	
	X^2	59,38	31,13	8,84	
B.	Rp.	69,5	52,5	9	131
	F.T.	51,87	70,98	8,15	
	X^2	5,99	4,81	0,09	
C.	Rp.	80	104,5	28,5	213
	F.T.	84,33	115,41	13,26	
	X^2	0,22	0,91	17,52	
D.	Rp.	106,5	168,5	7	282
	F.T.	111,65	152,80	17,55	
	X^2	0,24	1,61	6,34	
E.	Rp.	18	177,5	16,5	212
	F.T.	83,93	114,87	13,20	
	X^2	51,79	34,26	0,82	
T. Rp.		388	531	61	980

X^2 : 223,95; significatif à P.01

C. ANALYSE GENETIQUE DE LA REPARTITION DES TEMPS

Dans ce troisième type d'analyse, nous nous centrerons sur l'emploi des temps du verbe *par groupes d'âges*. Rappelons que ces groupes sont au nombre de cinq; I de 3;0 à 3;11 ans, II de 4;0 à 4;11 ans, III de 5;0 à 5;11 ans, IV de 6;0 à 6;11 ans, V de 7;0 à 7;11 ans.

Nous reprendrons tout d'abord la classification d'actions élaborée dans notre plan expérimental (en fonction des paramètres *objectifs* de résultat, durée et espace), puis nous regrouperons les situations en cinq catégories *subjectives*, celles qui ont émergé de l'analyse globale.

1. *Analyse du rôle des paramètres objectifs*

Les sujets de chacun des groupes d'âges choisissent des temps du verbe très significativement différents pour décrire les actions résultatives d'une part, non résultatives d'autre part. De manière générale, la répartition des temps dans chacun des groupes confirme celle qui était apparue lors de l'analyse globale; pour les actions résultatives dans leur ensemble, les sujets utilisent une proportion équivalente de *présents* et de *passés composés*; pour les actions non résultatives, la proportion de *présents* est nettement dominante. Quelques tendances développementales se manifestent cependant; pour les actions résultatives, la proportion des *passés composés* est légèrement supérieure à celle des *présents* jusqu'à 5 ans, alors qu'après cet âge, le rapport s'inverse en faveur du *présent*. En ce qui concerne *l'imparfait*, on observe une production plus considérable chez les sujets les plus jeunes; de 3 à 6 ans pour les actions résultatives, de 3 à 4 ans surtout pour les actions non résultatives (cf. tableau 10).

Le regroupement des actions résultatives en fonction du paramètre de durée révèle que ce facteur exerce une influence significative sur le choix des temps dans les groupes I et II, c'est-à-dire de 3 à 5 ans (X^2 respectifs de 20,92 et 30,76). Pour les groupes III, IV et V, c'est-à-dire à partir de 5 ans, les différences sont statistiquement non significatives.

Si l'on rassemble les mêmes actions résultatives en fonction du paramètre d'espace parcouru, on observe que ce dernier n'exerce aucune influence sur le choix des temps du verbe utilisés; tous les indices statistiques obtenus nous obligent à considérer les différences comme non significatives. Ce résultat de l'analyse génétique entre en contradiction avec celui obtenu lors de l'analyse globale. Cette contradiction est en réalité le résultat technique du trop petit nombre d'*imparfaits* produits; à chacun des niveaux d'âge particuliers, ce nombre est en effet insuffisant pour nuancer l'effet de la répartition équivalente des *présents* et des *passés composés*, alors que pour l'ensemble des sujets, le nombre absolu d'*imparfaits* est suffisant pour que la disparité de leur répartition rende le X^2 global statistiquement significatif.

La caractéristique aspectuelle de durée de l'action influence donc significativement le choix des temps du verbe pour nos deux premiers groupes, c'est-à-dire pour les sujets de 3 à 5 ans environ; après 5 ans, ce paramètre ne semble plus exercer d'influence. L'espace parcouru ne semble pas constituer une dimension aspectuelle pertinente, du moins dans le cadre d'une analyse génétique.

En ce qui concerne les actions non résultatives, pour aucun des 5 groupes d'âges, la variation des paramètres de durée de l'action ou de mode de réalisation n'a une incidence sur le choix des temps.

Tableau 10

Répartition des temps des verbes utilisés par les sujets de nos 5 groupes d'âge aux différentes situations résultatives.

Situations	Groupes d'âge														
	I (3,6) N = 16			II (4,7) N = 18			III (5,6) N = 14			IV (6,6) N = 15			V (7,6) N = 14		
	Ex.	P-C	Pr.	I	Ex.	P-C	Pr.	I	Ex.	P-C	Pr.	I	Ex.	P-C	Pr.	I	Ex.	P-C	Pr.	I
1.	1	14	1	0	0	17	1	0	3	9	2	0	0	11	4	0	1	9	4	0
2.	3	13	0	0	0	17	1	0	3	8	3	0	0	8	7	0	1	8	5	0
3.	1	8	4	3	2	12,5	1,5	2	4	2	6	2	0	8	7	0	1	7	6	0
4.	1	8	7	0	1	10	7	0	3	4	7	0	0	4	11	0	1	4	9	0
5.	0	6	9	1	0	8	9	1	4	2	5	3	0	5,5	8,5	1	1	4	8	1
6.	5	5	5	1	3	9	6	0	4	5	4	1	1	8	6	0	2	5	7	0
7.	1	8	7	0	1	8	8	1	3	4	7	0	0	3	11	1	1	0	13	0
8.	1	5	6	4	2	7	3	6	3	2	6	3	0	5	9	1	1	6	7	0
9.	0	6	7	3	1	10	5	2	4	3	5	2	0	6,5	8	0,5	1	4	9	0

2. *Le rôle des catégories subjectives*

Pour chacune des situations proposées à l'enfant, nous avons réalisé un graphique visualisant pour chaque groupe d'âge les proportions respectives d'emploi des trois catégories de temps du verbe, *présent*, *passé composé* et *imparfait* (cf. fig. 2 et 3). L'examen de ces graphiques révèle cinq types de configurations évolutives.

— Les situations 1 et 2 provoquent à tout âge une production de *passés composés* nettement supérieure à celle des *présents*. Ce dernier temps s'accroît cependant assez régulièrement avec l'âge. L'*imparfait* n'est jamais produit.

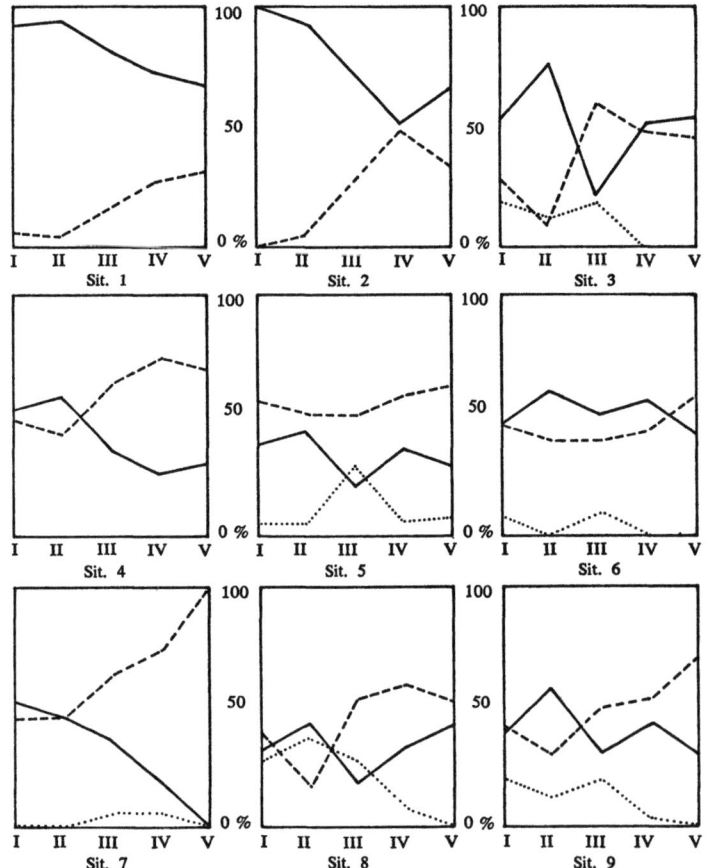

Fig. 2.

Situations résultatives; évolution de la répartition des temps :
(———— *passé composé*, ------ *présent*, ... *imparfait*).

— Dans les situations 3 et 6, le *passé composé* reste dominant pour presque tous les groupes d'âges, mais la production du *présent* semble progresser avec l'âge; ces deux tendances sont toutefois beaucoup moins nettes que pour les situations précédentes, et on note également la production d'*imparfaits* chez les sujets de 3 à 6 ans.

— Les situations 5, 8 et 9 se caractérisent par une production de *présents* presque toujours dominante (sauf au groupe II pour les situations 8 et 9). Cette production semble s'accroître à partir de 6 ans. L'*imparfait* atteint dans ces situations son pourcentage de production le plus élevé; il tend cependant à disparaître à partir de 6 ans, précisément au moment où le choix du *présent* devient dominant.

— Les situations 4, 7, 13 et 14 présentent un profil évolutif qui se caractérise par une rupture très claire au niveau du groupe III. De 3 à 5 ans en effet, le *passé composé* est plus employé que le *présent*, la différence étant plus ou moins importante selon les situations. A partir de 5 ans, le *présent* devient nettement dominant, et atteint parfois 100 % au groupe V. Les productions d'*imparfaits* sont rares.

— Enfin, dans le groupe des situations 11, 12 et 15, la production du *présent* est à tout âge nettement dominante; elle tend à s'accentuer avec l'âge; les *passés composés* et les *imparfaits* sont rares.

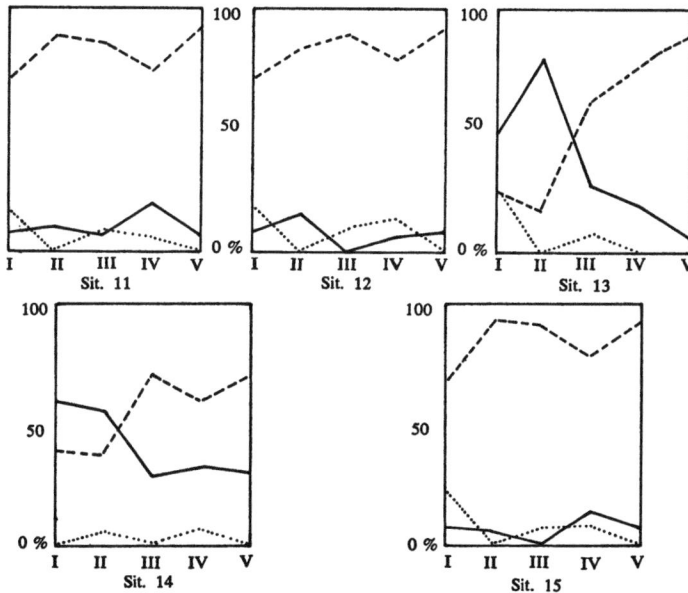

Fig. 3.

Situations non-résultatives; évolution de la répartition des temps :
(———— *passé composé*, - - - - - *présent*, ... *imparfait*).

Les cinq groupes de situations qui présentent des caractéristiques développementales communes correspondent aux cinq catégories subjectives mises en évidence dans l'analyse globale. Outre les différences dans la répartition globale des temps, ces cinq catégories présentent des tendances évolutives qui les différencient entre elles. Les diverses analyses statistiques qui suivent ont pour objet de confirmer et de préciser cette donnée fondamentale.

Les trois catégories A, B et C sont considérées comme résultatives par l'enfant; elles se différencient entre elles par l'importance de l'intervalle spatio-temporel d'obtention du résultat. L'analyse statistique révèle que l'emploi des temps du verbe dans la description de ces trois catégories présente des différences significatives pour les groupes I, II et III (X_2^2 respectifs de 26,52, 20,12 et 17,85), et non significatives pour les groupes IV et V (X_2^2 respectifs de 2,52 et 5,44). L'aspect d'intervalle spatio-temporel de réalisation de l'action influence donc de manière importante le choix des temps du verbe avant 6 ans. Cette influence semble décroître légèrement de 3 à 6 ans, mais à partir de cet âge, la rupture est très nette; le choix des temps est indépendant de l'intervalle spatio-temporel.

Lorsqu'on prend en considération la catégorie D et qu'on l'oppose aux trois catégories résultatives (A, B et C), on observe des différences non significatives dans l'emploi des temps pour les groupes d'âge I, II et III, et significatives pour les groupes IV et V. Le phénomène sous-jacent à ces résultats statistiques ressort clairement de la comparaison des graphiques d'évolution (cf. fig. 2 et 3). On remarque en effet que pour les situations de la catégorie D, *présents* et *passés composés* se distribuent pratiquement au hasard chez les enfants les plus jeunes, alors que le premier temps domine largement à partir de 6 ans. Si l'on additionne par contre les résultats obtenus aux situations de type A, B et C, les diverses tendances s'annulant, la répartition des *présents* et des *passés composés* reste toujours proche d'une répartition au hasard. Les différences entre les situations de la catégorie D et celles des catégories A, B et C ne sont donc significatives qu'à partir de 6 ans parce qu'à cette période se produit un changement très net dans la description des premières; à une distribution des temps au hasard, succède une production massive de *présents*.

Les catégories D et E sont considérées comme non résultatives par l'enfant; elles se différencient par la nature même de l'action et par le caractère nécessairement répétitif des situations de la catégorie D. L'analyse statistique révèle que l'emploi des temps du verbe dans les descriptions des actions de ces deux catégories présente des différences significatives pour les groupes I, II et III, et non significatives pour les groupes IV et V.

Tout comme pour les situations résultatives où l'intervalle S-T entre le début et la fin de l'action jouait un rôle significatif entre 3 et 6 ans, pour les actions non résultatives un ou plusieurs paramètres encore mal définis (actions fréquentatives sur place ou circulaire sur la terre ferme opposées à des actions aquatiques) influencent significativement l'emploi des temps de 3 à 6 ans. Il faut souligner le caractère intermédiaire des situations de la catégorie D; de 3 à 6 ans, les enfants les décrivent d'une manière apparemment semblable à celle de l'*ensemble* des situations résultatives. A partir de 6 ans, par contre, ils les décrivent de la même manière que les situations de la catégorie E c'est-à-dire nettement non résultatives (cf. fig. 3).

Nos dernières analyses statistiques révèlent enfin, d'une part que la répartition des temps pour l'ensemble des situations résultatives (A, B et C) diffère significativement de celle obtenue pour les situations non résultatives à *tous les groupes d'âges*, d'autre part, que la distribution des temps dans les cinq catégories présente des différences globalement significatives à *tous les âges*, avec cependant des indices de signification décroissants.

Ces résultats indiquent clairement que la caractéristique de « résultativité » de l'action est déterminante pour le choix des temps du verbe chez les sujets de 3 à 8 ans. Outre cette caractéristique majeure, les enfants de 3 à 6 ans prennent également en considération pour leur choix des temps, l'intervalle spatio-temporel de réalisation des actions résultatives, et la nature même des actions non résultatives. Ces caractéristiques mineures ne semblent plus jouer de rôle intrinsèque au-delà de 6 ans; ils peuvent cependant continuer d'intervenir en tant que modulation de la caractéristique de « résultativité ».

D. SYNTHESE: LES FONCTIONS DES TEMPS DU VERBE LORSQUE LE DELAI DE PRODUCTION EST DE DEUX SECONDES

1. *La fonction aspectuelle*

Les paramètres objectifs contrôlés par l'expérimentateur, c'est-à-dire la durée de l'action, l'espace parcouru, le mode de déplacement ainsi que la présence « objective » d'un résultat ont une incidence certaine sur le choix des temps par l'enfant. Cette influence est cependant indirecte; l'enfant ne tient compte que de certains résultats, il ne prend en considération la durée et l'espace parcouru qu'en tant qu'obstacles à la réalisation des actions résultatives, et il néglige totalement le mode de déroulement de l'action. Par contre, l'enfant introduit des critères non isolés par l'expérimentateur (répétitivité, nature de l'action). Il constitue donc des catégories subjectives d'action; les actions résultatives (avec délai spatio-temporel croissant de A à C), les actions non résultatives accidentelles (D), et les actions intrinsèquement non résultatives (E).

La distinction entre actions résultatives et non résultatives constitue la constante présidant au choix des temps du verbe de 3 à 8 ans.

Les actions non résultatives (accidentelles ou intrinsèques) constituent une sorte de déroulement permanent; elles sont décrites surtout au *présent*.

Les actions résultatives sont décrites au *présent* ou au *passé composé*, dans de plus rares cas à l'*imparfait*.

De 3 à 6 ans, on note en outre l'intervention significative d'autres caractéristiques de l'action. C'est ainsi que pour les actions résultatives, lorsque le résultat est obtenu immédiatement (A), le pourcentage de *passés composés* est élevé; lorsqu'un intervalle s'introduit, le pourcentage de *présents* et d'*imparfaits* s'accroît en fonction de l'accroissement de cet intervalle, ce qui, dans les situations présentées, va de paire avec une diminution de la vitesse de réalisation de l'action (B et C). On pourrait penser que face à une situation résultative, le sujet a deux possibilités; soit se centrer sur le déroulement de l'action et choisir un *présent*, soit se centrer sur le résultat et utiliser un *passé composé*. Si l'action est instantanée (A), il y a un maximum de chances pour que le résultat soit pris en considération. Par contre, plus l'intervalle de réalisation augmente, plus il est probable que le déroulement soit pris en considération, et c'est effectivement ce qui semble se produire. A cette même période d'âge, on observe une différence importante dans les descriptions de situations non résultatives accidentelles et intrinsèques. Les premières peuvent être envisagées de deux manières différentes; soit comme ayant un début et une fin évidents, dans la mesure où elles se composent de mouvements semblables, ayant chacun un début et une fin (laver, caresser, tourner), soit comme permanentes, si l'on se dégage du nombre de séquences présentées et qu'on imagine que la répétition des portions d'action est infinie. Avant 6 ans, les enfants semblent prendre en considération soit des portions achevées d'action, soit la permanence de l'action dans son ensemble; ils utilisent donc le *présent* et le *passé composé* dans des proportions identiques. Après 6 ans, ils semblent extraire du caractère séquentiel une idée de permanence, d'inachevé et choisissent le *présent*.

2. *La fonction temporelle*

Le groupe des sujets de 5 à 6 ans constitue semble-t-il un groupe charnière dans l'évolution de l'utilisation fonctionnelle des temps du verbe. En effet, c'est à cet âge que les caractéristiques aspectuelles secondaires (délai satio-temporel, répétitivité) cessent de faire sentir leurs effets. C'est à la même époque qu'apparaissent les premières descriptions systématiques au *présent* (5;7 ans). Ces descriptions, fréquentes au-delà de 6 ans, constituent semble-t-il une manifestation très explicite de la tendance observée dans l'évolution des descriptions; à partir de 5 ou 6 ans, l'emploi du *présent* s'accroît, l'*imparfait* disparaît, et l'utilisation du *passé composé* s'atténue considérablement. Cette tendance est cependant plus ou moins accentuée selon les catégories de situation ainsi qu'en témoignent les fig. 4 et 5. En ce qui concerne les situations résultatives (cf. fig. 4), on observe d'abord une utilisation plus fréquente du *passé composé*, avec un changement radical au groupe III, conduisant à une répartition équivalente des deux temps princi-

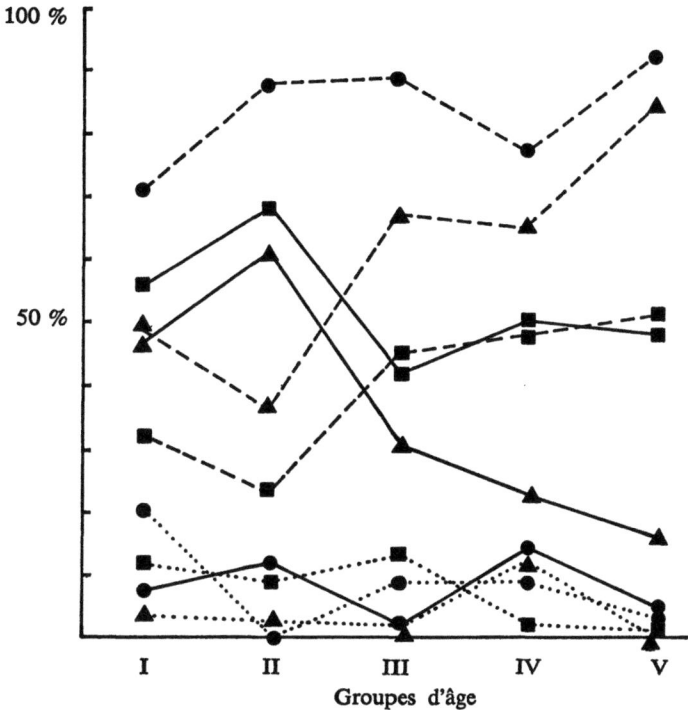

Fig. 4.

Fréquences d'utilisation du *présent* (-----), du *passé composé* (―――)
et de l'*imparfait* (......) pour les cinq groupes d'âge:
- ■ Situations résultatives (cat. A, B, C);
- ▲ Situations de Cat. D;
- ● Situations de Cat. E.

paux. Pour les situations non résultatives accidentelles, on observe la même tendance initiale (moins accentuée toutefois), mais à partir du groupe III, les enfants tendent à utiliser exclusivement le *présent* et la courbe de fréquence de ce temps rejoint celle des non résultatifs intrinsèques. Dans la figure 5, nous avons dissocié la courbe d'évolution des actions résultatives immédiates de celle des résultatives spatio-temporelles, ce qui nous permet de mieux apprécier la tendance générale, à partir du groupe III, à choisir exclusivement le *présent*. Cette tendance reste cependant significativement plus forte pour les actions non résultatives que pour les résultatives (avec ou sans intervalle), mais ce qui paraît important, c'est que les deux courbes résultatives, comme les deux courbes non résultatives, d'abord séparées par l'intervention de facteurs tels que l'intervalle spatio-temporel dans le premier cas, la nature de l'action dans l'autre, se rejoignent entre elles après 6 ans. Seule, à partir de

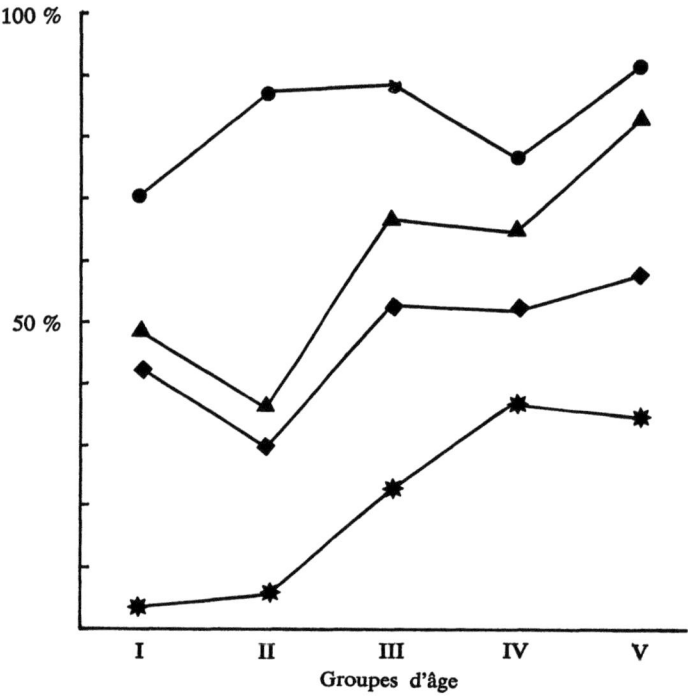

Fig. 5.
Fréquences d'utilisation du *présent* pour les situations résultatives instantanées (∗), avec intervalle (◆), non-résultatives de Cat. D (▲) et E (●), pour les 5 groupes d'âge.

cet âge, la différence entre aspect résultatif et non résultatif semble demeurer pertinente.

Cette apparition massive du *présent* à partir de 6 ans signifie-t-elle que désormais le temps du verbe assume une fonction temporelle et non plus aspectuelle ?

Remarquons tout d'abord que l'emploi du *présent* n'est pas absolument général, et que la distinction entre actions résultatives et non résultatives continue à influencer le choix des temps. La marque « temps du verbe » véhicule donc encore une fonction aspectuelle. Sert-elle également à exprimer une véritable relation temporelle ? L'action à décrire par l'enfant se trouve en effet dans un rapport d'antériorité avec le moment de l'énonciation; strictement parlant, le temps utilisé devrait donc être un temps du passé. En fait, on doit émettre l'hypothèse qu'un intervalle temporel minimal est nécessaire entre la fin de l'action et le début de l'énonciation pour que l'action soit considérée par l'enfant comme passée; si ce délai est trop court, l'action et l'énonciation tendent à être considérées comme simultanées et englobées dans le présent. Dans cette expérience, le délai de 2 secondes semble ne pas être pris en considération par nos sujets. Nous verrons plus loin dans l'étude du paramètre DP si cette hypothèse se vérifie.

II. LA PRODUCTION DES MARQUES LEXICALES DE L'ASPECT ET DU TEMPS

Les temps du verbe, dans la langue française, est une marque de surface susceptible d'exprimer une relation temporelle ou une nuance aspectuelle, comme viennent de le confirmer nos résultats expérimentaux. Il existe cependant d'autres marques assumant une fonction temporelle ou aspectuelle; les adverbes et les syntagmes prépositionnels (les compléments circonstanciels de la grammaire normative), ou tout au moins certains d'entre eux (adverbes et circonstanciels de temps et de « manière » notamment). En outre, la valeur du lexème verbal et notamment ses relations avec les membres d'une même classe paradigmatique, constitue une marque aspectuelle intrinsèque.

L'analyse qui va suivre portera donc sur la production de trois groupes de marques : la valeur du lexème verbal, les adverbes, et les circonstanciels. En réalité, aucun de ces trois types de marques n'a été utilisé par un de nos sujets pour exprimer une relation temporelle; toutes ont été insérées dans le cadre de la fonction aspectuelle. Nous analyserons donc leur production en regroupant les situations selon les catégories aspectuelles subjectives qui ont émergé de l'analyse qui précède. Les données les plus claires ont été obtenues dans les énoncés correspondant aux situations de catégorie B et C; nous les présenterons en premier lieu, puis nous décrirons celles obtenues respectivement pour les catégories A, D et E.

A. LES SITUATIONS RESULTATIVES AVEC DELAI SPATIO-TEMPOREL DE REALISATION (CAT. B ET C)

1. *Le choix du lexème verbal*

Les situations *3, 5 et 8,* ont suscité, de la part de l'ensemble des sujets ($N = 77$), la production de 16 à 22 verbes différents. Trois configurations de choix, chronologiquement distinctes, semblent se dessiner :

a) De 3;0 à 3;6 ans, on observe de nombreux refus de descriptions, ainsi que des énoncés sans verbe (*Pat.,* 3;5 ans, sit. 3 : « La voiture ... là »). Deux items apparaissent très fréquemment; il s'agit d'« aller » et d'« être (dans) » qui sont produits dans respectivement 46 et 12 % des énoncés complets. Ces verbes, qui ont une signification très *globale*, sont caractéristiques de ce groupe d'âge; ils sont accompagnés d'items à signification plus restreinte (« glisser » ou « bouger »), ou identiques à ceux utilisés par les sujets plus âgés.

b) De 3;6 à 5;11 ans, la diversité des verbes utilisés est considérable (15 à 16 items lexicaux différents). Pour les trois situations, l'indice moyen de fréquence d'utilisation d'un verbe varie de 2,44 à 2,67, ce qui signifie qu'en moyenne, deux à trois sujets seulement utilisent un même verbe pour décrire l'action présentée. Pour chacune des situations, il est possible de distinguer trois types de choix du verbe : 20 % des sujets choisissent le verbe « aller », c'est-à-dire la désignation la plus globale de l'action (nous parlerons désormais de *verbe global*), 37 % de sujets produisent un verbe qui correspond plus spécifiquement à l'action, en l'occurrence au mode de déplacement mis en jeu. Ce verbe, appelé *standard* en raison de sa fréquence et de sa pertinence est « courir » pour la situation 3, « marcher » pour les situations 5 et 8. Les sujets n'utilisant ni le verbe global ni le verbe standard choisissent des verbes dont la fréquence de production est très faible.

c) De 6;0 à 7;11 ans, le nombre total de verbes différents diminue fortement (5 ou 6 items lexicaux différents); l'indice de fréquence moyenne d'utilisation d'un verbe augmente considérablement et se situe entre 4,6 et 5,6. Cette augmentation résulte de l'emploi beaucoup plus fréquent du verbe standard (47 %) et du verbe global (32 %). Les verbes peu fréquemment produits sont souvent différents de ceux choisis par les sujets du groupe précédent.

L'évolution que nous venons d'esquisser est illustrée de manière très claire par l'inventaire des verbes choisis pour les descriptions de la situation 3 :

a) N = 8
Refus (2),
aller (4), passer (1), rouler (1);

b) N = 40
Refus (1),
rouler (13,5), *aller* (8,5),
partir (2), rentrer (2), être vite (2), être à la maison (2), marcher, conduire, courir, foncer, sauter, faire vite, venir, arriver, passer (tous 1);

c) N = 28
rouler (16), aller (7),
avancer (3), rentrer (1), partir (1).

Pour les situations 5 et 8, la configuration des choix est de même type, mais deux différences apparaissent; « marcher » constitue le verbe standard pour les deux situations, et les items indiquant la vitesse de l'action (foncer, faire vite, courir) disparaissent au profit de verbes précisant le résultat de l'action (trouver, toucher, guigner).

L'action présentée à la situation 9 est transitive (la maman pousse la poussette jusqu'à la maison), ce qui la différencie des quatre autres actions avec délai spatio-temporel de réalisation. Cette dimension supplémentaire semble avoir deux incidences majeures sur les choix de verbes; le nombre total de verbes différents augmente considérablement, et il n'est pas possible de distinguer verbe global et verbe standard.

Le nombre total de verbes différents utilisés par nos sujets (N = 77) est de 26, alors que la moyenne obtenue dans les énoncés d'actions intransitives était de 18,7. Aux catégories de verbes obtenues pour les situations 3, 5 et 8 (verbe global ou standard de déplacement, verbe indiquant le résultat ou la vitesse), s'ajoute un ensemble de verbes nouveaux précisant l'aspect transitif de l'action (tirer, amener, pousser, faire marcher, etc.).

Les trois configurations de choix se présentent de la manière suivante :

a) Avant 3;6 ans, le verbe le plus utilisé est « pousser » qui fonctionne cependant sans complément d'objet direct (*Fab.*, 3;1 ans : « Y poussait ». *Serg.*, 3;6 ans : « La petite fille, elle pousse ... là »). Ces formes d'énoncés nous paraissent constituer moins une phrase transitive tronquée, qu'une sorte de transformation du verbe pousser en un intransitif. Au même titre qu'« aller » semble exprimer l'idée la plus globale, mais aussi la plus importante d'un déplacement dans l'espace, le « pousser » utilisé par les enfants de 3;0 à 3;6 ans sans son objet direct, exprimerait l'idée conjointe du déplacement (intransitif) et de la poussée, c'est-à-dire les deux caractéristiques essentielles de l'action. Nous pensons donc que la forme verbale « pousser » sans objet direct de la première tranche d'âge est l'équivalent fonctionnel de l'« aller » des situations intransitives, et qu'il peut être qualifié de verbe « global ».

b) De 3;6 à 5;11 ans, 19 verbes différents sont utilisés, soit un indice moyen de 2,05. « Pousser » est toujours suivi d'un complément d'objet direct, et semble partager la fonction de verbe standard avec « promener » (37 % des sujets utilisent « pousser », 22 % « promener »).

c) Au-delà de 6 ans, 7 verbes différents seulement sont choisis; dans 80 % des énoncés, il s'agit d'un des deux verbes standards. L'indice moyen d'utilisation d'un verbe passe de 2,05 à 4.

La dernière action résultative avec intervalle spatio-temporel (sit. 6 : un oiseau vole sur le toit d'une maison) suscite un pourcentage très important de descriptions du résultat de l'action (34 % entre 3 et 6 ans), sans prise en considération du déroulement (*Sab.*, 4;4 ans : « L'oiseau, il est sur la maison »).

Cette prégnance du résultat chez les enfants de moins de 6 ans pourrait suggérer quelques hypothèses; soit l'enfant imagine que le vol de l'oiseau est une action préparatoire de l'expérimentateur, au même titre que l'action de prendre la voiture du tas de jouet pour la faire avancer, soit, pour des raisons d'ordre perceptif, la centration sur le déroulement de l'action serait moins probable lorsque le mobile n'est pas en contact permanent avec le sol, c'est-à-dire lorsqu'il n'y a pas un point constant de référence permettant d'extraire l'une ou l'autre des caractéristiques du déroulement. Il est possible enfin que les enfants considèrent l'action de voler comme un comportement tellement naturel et évident de la part d'un oiseau qu'ils n'éprouvent pas le besoin de le mentionner si un autre aspect peut être souligné.

L'analyse des autres énoncés révèle la présence du verbe global « aller », qui semble donc bien caractéristique de toute action perfective intransitive ainsi que de deux verbes standards, *voler* et *sauter*. La fréquence d'apparition de ces deux types de verbes pour les tranches d'âge b et c est de même ordre que celle de leurs homologues des autres situations intransitives si l'on ne tient pas compte des descriptions du résultat.

Contrairement aux quatre autres situations spatio-temporelles, l'indice de fréquence reste de même ordre pour les groupes b et c (3,63 et 3,5). Ce phénomène doit être mis en relation avec la prégnance du résultat de l'action, et avec l'absence de centration sur le déroulement qui en découle. Sans trop vouloir nous avancer dans l'interprétation pour l'instant, il nous semble que la floraison de verbes distincts au groupe b est liée à une prise en considération du déroulement en ses divers aspects : départ de l'action, mode de déplacement, fin de l'action. Dans cette optique, l'intérêt de l'enfant pour l'état achevé de l'action exclurait la diversification des items verbaux caractéristique du groupe b.

2. *Les adverbes et locutions adverbiales*

Les expressions adverbiales de la vitesse n'apparaissent pratiquement que dans les descriptions de la situation 3. De 3 à 7 ans, on observe 8 productions de l'adverbe « vite » (*Phi.*, 3;6 ans : « Elle a fait vite »). Le choix de l'adverbe « vite » est toujours solidaire du choix d'un verbe à signification globale (aller, faire, être). Ce n'est qu'à partir de 7 ans qu'apparaissent les premières associations du verbe standard et d'un adverbe de vitesse (*Mur.*, 7;4 ans : « La voiture a roulé vite, elle s'est arrêtée devant les maisons »).

Pour la description de la situation 5, on ne relève aucun adverbe avant 7 ans. Après cet âge, les adverbes du type « doucement » ou « lentement » sont produits conjointement au verbe standard (*Mar.*, 7;6 ans : « La grosse tortue, elle marche lentement jusqu'à la maison. *Luc.*, 7;8 ans : « Elle marche tout doucement comme ça vers la maison »).

Ces données sont réduites, mais elles nous fournissent néanmoins deux indications intéressantes. De 3 à 6 ans, à une époque où l'enfant exprime électivement les caractéristiques de l'action par le temps du verbe, cette même fonction peut être assumée par la combinaison d'un verbe de type global et un adverbe précoce du type « vite ». Ce n'est qu'à partir de 7 ans qu'on observe la combinaison d'un verbe standard et d'un adverbe aspectuel plus élaboré (lentement).

3. Les formes d'indication du résultat de l'action

Le tableau 11 résume les diverses formes d'indication du résultat ou du but de l'action. Comme on peut le constater, le résultat est exprimé très peu souvent par une juxtaposition de deux propositions. Toutefois, lorsque ce type d'énoncé apparaît, l'ordre d'énonciation ne correspond à l'ordre de déroulement de l'action qu'à partir de 5 ans (*Mar.*, 4;1 ans : « La tortue qui est devant la porte, elle a marché ». *Mur.*, 7;4 ans : « La tortue a marché, elle s'est arrêtée devant la maison »).

En ce qui concerne les énoncés ne décrivant que la fin de l'action ou le résultat, leur fréquence est très peu importante pour les situations 3 et 9 (3 cas sur les 77 énoncés), elle est faible (8 et 10 sur les 77 énoncés) pour les situations 5 et 8 et devient importante pour la situation 6 (19 pour les 77 énoncés possibles). L'intérêt pour le résultat dans la description de la situation 6 a déjà été discuté plus haut; il se confirme ici. La différence entre les situations 3 et 9 d'une part et 5 et 8 d'autre part tient sans doute à la distance parcourue. Pour les deux premières situations, l'espace parcouru est de 100 cm; il est donc peu probable que l'enfant « ignore » le déroulement dans sa description; pour les deux autres situations par contre, l'espace parcouru est de 10 cm et il semble plus probable que l'enfant puisse envisager l'action comme un accès à un résultat, sans déroulement.

Tableau 11
Les divers modes d'indications du résultat pour les situations résultatives de catégorie B et C; O : aucune indication du résultat, A— : deux propositions avec inversions de l'ordre, A+ : deux propositions dans l'ordre, B : résultat seul indiqué, C : complément circonstanciel de but.

Résultats	Groupes d'âge				
	I	II	III	IV	V
O	31	32	19	13	20
A—	3	7	1	1	0
A+	3	6	6	7	11
B	10	15	11	5	2
C	26	27	33	49	32

Parmi les sujets ne décrivant que le déroulement de l'action (76,22 % de l'ensemble des énoncés), 59 % indiquent le but poursuivi au moyen d'un syntagme prépositionnel. En voici quelques exemples :

Cyr., 3;0 ans : « La voiture, elle a roulé... jusque vers les maisons. La poupée, elle promène son bébé jusqu'au village ».
Ste., 5;5 ans : « La poule a sauté jusqu'au village ».
Rem., 4;5 ans : « La tortue a marché vers les maisons ».

La proportion relative d'énoncés indiquant le but de l'action et d'énoncés ne le mentionnant pas ne semble pas subir d'évolution notoire avec l'âge; elle varie par contre fortement en fonction des types de situations... Pour la situation 6, 90,7 % des énoncés indiquent le but, ce qui confirme les tendances notées précédemment; pour les situations 5 et 8, on observe respectivement 63,46 et 59,32 % d'énoncés avec circonstanciel; ce pourcentage tombe à 51 pour la situation 3 et à 41,94 pour la situation 9.

La fréquence de description du résultat semble en fait dépendre de deux facteurs; l'espace parcouru d'une part et le caractère transitif ou intransitif de l'action d'autre part. Comme nous l'avons noté plus haut, dans la sit. 6, l'espace parcouru est en quelque sorte annulé par le caractère aérien du déplacement; le résultat en devient donc plus prégnant, et 3 sujets seulement ne le mentionnent pas d'une manière ou d'une autre. Dans les deux situations à espace parcouru court (10 cm), le résultat est pris en considération plus souvent que dans les situations à espace long (100 cm). Pour ces deux dernières situations, le caractère transitif ou intransitif de l'action joue aussi un rôle; si l'action est transitive (sit. 9), la probabilité de centration sur le déroulement augmente, et parallèlement, la probabilité de description du résultat diminue.

B. LES SITUATIONS RESULTATIVES INSTANTANEES (CAT. A)

Les marques aspectuelles et temporelles produites dans la description de ces deux situations sont assez peu nombreuses; les adverbes et syntagmes prépositionnels notamment ne peuvent faire l'objet d'une analyse de détail.

Pour les deux situations, le nombre de verbes différents choisis est peu élevé (10 pour la sit. 1, 7 pour la sit. 2), et un item lexical apparaît avec une fréquence très grande.

Pour la situation 1, le verbe dominant est « faire tomber »; il est accompagné des verbes « pousser » et « renverser », ce dernier étant surtout employé par les enfants de plus de 6 ans. Avec 9 verbes différents pour 40 énoncés, le groupe b (de 3;6 à 6;0 ans), présente un indice de fréquence moyenne de 4,44. Cet indice est plus élevé (7) au groupe c. L'évolution de l'indice de dispersion des choix de verbes est donc de même type pour les situations instantanées que pour celles à délai spatio-temporel. Enfin, les sujets ne produisent pas pour cette situation de verbes à signification globale; celui-ci ne pourrait en effet n'être que « faire » que l'on imagine mal sans son complément « tomber ».

En ce qui concerne la situation 2, le verbe dominant « sauter » est utilisé dans 88 % des énoncés. La fréquence d'apparition des 6 autres verbes est trop faible pour donner lieu à une plus ample analyse.

C. LES SITUATIONS NON RESULTATIVES ACCIDENTELLES (CAT. D)

Le nombre de verbes différents utilisés dans la description de ces quatre actions est peu élevé (de 6 à 11 verbes). Cette faible dispersion des choix est en réalité une caractéristique commune aux actions résultatives instantanées et à l'ensemble des actions non résultatives (cf. plus loin). Les verbes choisis sont cependant moins nombreux dans les descriptions des situations 4 et 14 que dans celles des situations 7 et 13, et cette différence a des implications en ce qui concerne l'évolution de la configuration des choix.

Le premier couple de situations se caractérise par le choix presque exclusif d'un seul verbe, « caresser » utilisé dans 84 % des énoncés décrivant la situation 4, et « tourner », choisis dans 76 % des énoncés décrivant la situation 14. Comme pour les groupes de situations précédents, trois configurations de choix peuvent être distinguées. Avant 3;6 ans, les refus sont fréquents, les verbes choisis de type global (faire, aller) ou standard (caresser ou tourner). De 3;6 à 6;0 ans, le verbe standard devient nettement prépondérant; il est accompagné de verbes indiquant soit le contact (sit. 4), soit le mouvement (sit. 14). Au-delà de 6 ans, le verbe standard est choisi par tous les sujets pour la situation 4, alors que deux verbes nouveaux, indiquant le bruit de la toupie, apparaissent dans les descriptions de la situation 14.

L'évolution que nous venons d'esquisser est illustrée par l'inventaire des verbes fournis à la situation 4 :

a) $N = 8$
Refus (2),
caresser (2), nettoyer (2), faire (1), aller (1).

b) $N = 40$
Caresser (32),
Toucher (7), embrasser (1).

c) $N = 28$,
Caresser (28).

Si pour le second couple de situations, il est toujours possible de repérer un verbe standard (« laver » pour la sit. 7 et « tourner » pour la sit. 13), la fréquence d'apparition de celui-ci est cependant beaucoup moins importante (40 % environ de l'ensemble des verbes produits).

Bien que les caractéristiques générales de l'évolution des choix soient analogues à celles des deux autres situations, à partir de 4 ans, de nombreux synonymes partiels sont produits ainsi que l'atteste l'inventaire des verbes fournis à la situation 7 :

a) $N = 8$,

Refus (2),
faire (1), toucher (1), *nettoyer* (3), laver (1).

b) N = 40,
Laver (14), *nettoyer* (12),
essuyer (6), caresser (5), embrasser (1), habiller (1), baigner (1).

c) N = 28
Laver (15),
nettoyer (6), caresser (5), essuyer (2).

La différence de dispersion des choix de verbes dans ces deux groupes de situations pourrait recevoir deux types d'explication. On peut considérer d'une part que les situations 4 et 14 sont plus claires; la caresse du chien sur le singe et la rotation de la toupie ne posent en effet aucun problème d'interprétation. On peut invoquer d'autre part la pauvreté du stock lexical à la disposition des sujets pour décrire ces deux actions; il n'y a en effet guère de synonymes satisfaisants pour « caresser » et « tourner ». Bien que nous ne disposions que de peu d'éléments précis à ce sujet, nous serions tentés néanmoins de faire les remarques suivantes quant à l'importance relative de ces deux types de facteurs; la situation 7 présente une action aussi claire que la situation 4; la maman lave le bébé de manière non ambiguë et ce type d'action fait partie de l'expérience personnelle de tous nos sujets. Cependant, dans la description de la situation 7, à côté de verbes peu spécifiques (toucher, faire) et de mauvais synonymes (caresser, embrasser, s'habiller) apparaissent des verbes plus pertinents comme « nettoyer », « se baigner » et « essuyer ». L'apparition de ces synonymes partiels nous paraît plutôt liée à une richesse de vocabulaire qu'à une plus grande clarté de l'action. Pour la situation 13 par contre, l'interprétation doit être tout à fait différente; l'action de tourner autour d'une prairie en galopant présentant une complexité beaucoup plus grande que les précédentes, le sujet peut se centrer sur le galop en lui-même qui consiste en une série de sauts, il peut décrire le trajet parcouru ou au contraire imaginer que le cheval se promène, etc. Cette diversification des possibilités de centration entraîne tout naturellement une diversification des verbes utilisés.

D. LES SITUATIONS NON RESULTATIVES INTRINSEQUES (CAT. E)

Les trois situations de cette catégorie suscitent un choix de temps du verbe clair et homogène. En ce qui concerne le choix des lexèmes verbaux, un certain nombre de caractéristiques communes apparaissent, qui distinguent également ces situations de l'ensemble des autres, mais on note également quelques différences importantes entre situations. Le nombre de verbes différents produits varie entre 8 et 11.

Les trois configurations de choix se présentent de la manière suivante :

a) Un tiers des enfants de moins de 3;6 ans fournit un énoncé du type « le canard dans l'eau », sans verbe. Un second tiers utilise des verbes non spécifiques du type « aller » ou « être ». On retrouve là des caractéristiques mentionnées plus haut.

b) De 3;6 à 5;11 ans, le nombre de verbes différents reste relativement faible (5 à 8 verbes). On n'assiste donc pas à cette diversification des lexèmes caractéristique des situations résultatives. Dans la description des trois actions apparaît régulièrement le verbe « être ».

Pat., 65 ans : « Le poisson est dans l'eau ».
Con., 4;5 ans : « Le cygne, il est dans l'eau ».
Chr., 3;2 ans : « Il y a une boule qui est dans l'eau ».

La fréquence de production de ce type d'énoncé varie cependant dans les trois situations. En 11, « être » apparaît dans 20 % environ des énoncés; il est accompagné de « nager », qui peut être considéré comme l'item standard de cette situation, et de « aller », le verbe global caractéristique des actions résultatives intransitives. La situation 12 suscite également 20 % d'énoncés avec « être », auxquels s'adjoignent les verbes standard « nager » et « tourner » qui expriment les deux aspects les plus évidents de l'action effectuée. Pour la situation 15 enfin, seul le verbe « être » est produit avec une fréquence soutenue (plus de 50 % des énoncés).

c) De 6;0 à 7;11 ans, dans les descriptions des trois actions apparaissent de nouveaux verbes; « avancer », « se promener », « sauter », etc. Tout se passe comme si les sujets de cette tranche d'âge tentaient d'apporter dans leurs descriptions des situations non résultatives essentielles les mêmes précisions que les sujets de la tranche d'âge précédente pour les situations résultatives. Contrairement à ce qui se passait pour ces dernières situations, l'indice de fréquence moyenne diminue nettement du groupe b au groupe c.

Inventaire des verbes choisis pour décrire la situation 11 :

a) N = 8,
Enoncés sans verbes (3),
Aller (2), être (2), bouger (1).

b) N = 40,
Nager (22),
Aller (8), être (8), plonger (2).

c) N = 28,
Nager (18),
Etre (3), trouver (2), faire des zigzags (2),
Aller (1), traverser (1), avancer (1).

E. LA PRODUCTION DES MARQUES LEXICALES : SYNTHESE

La production des marques aspectuelles non fléchies s'effectue de manière sensiblement différente pour les trois groupes d'âges que nous avons constitués; dans le premier de ces groupes, le choix de ces marques semble relativement indépendant du type d'action à décrire. Les enfants de moins de 3;6 ans choisissent en effet essentiellement des verbes à signification très globale (« aller », « faire », « être », « bouger »); ils ne produisent pas d'adverbes et peu de syntagmes prépositionnels ayant une fonction aspectuelle. Dans certains cas, ils ne produisent aucun verbe, voire aucun énoncé. Les sujets du second groupe produisent un ou deux items de manière préférentielle (verbe standard); les autres verbes décrivent souvent une des caractéristiques de l'action (mode de déroulement, résultat), ou constituent des synonymes partiels. L'importance relative du verbe standard et des autres verbes varie cependant selon la catégorie subjective à laquelle appartient l'action à décrire. Après 6 ans (groupe c), le verbe standard est utilisé de manière presque exclusive; les choix tendent donc à se restreindre à ce seul item, mais pour certaines catégories, de nouveaux types de verbes apparaissent.

Le regroupement en cinq catégories subjectives, élaboré lors de l'analyse du choix des temps, semble conserver toute sa pertinence pour l'étude de la production de ce type de marques aspectuelles. Les situations qui composent chacune de ces catégories présentent des caractéristiques communes, permettant souvent de les distinguer de celles appartenant aux autres catégories. La hiérarchie établie lors de l'analyse précédente se trouve cependant sensiblement modifiée.

Si l'on prend en considération le nombre de verbes différents choisis pour décrire une situation (indice de dispersion), les types de verbes utilisés, ainsi que la variété des marques aspectuelles produites, on observe une partition assez nette entre les catégories A, E et D d'une part, et les catégories B et C d'autre part.

Pour les trois catégories A, E et D, le nombre de verbes différents utilisés oscille entre 6 et 11 (m = 9); la dispersion des choix est donc relativement faible. Aucun adverbe aspectuel n'est produit et les syntagmes prépositionnels indiquant le résultat sont rares; on en observe quelques-uns dans les descriptions d'actions de la catégorie D. Il faut noter cependant que les situations de la catégorie E suscitent de nombreux syntagmes prépositionnels à fonction locative.

Si, outre ces caractéristiques globales, on prend en considération les tendances développementales, deux sous-groupes de catégories apparaissent. La première est composée des actions des catégories A et D, pour lesquelles les verbes choisis dès 3;6 ans peuvent être regroupés en cinq rubriques (les exemples sont tirés des productions fournies à la situation 1) :

1. verbe standard : *faire tomber*;
2. synonyme : *renverser*;
3. verbe qui ne peut être considéré comme synonyme, mais qui renvoie à une des lectures possibles de l'action : *pousser*;
4. verbe qui renvoie à une action proche de celle présentée : *casser*;
5. verbe global : *jouer*.

Il faut remarquer qu'il n'existe pas de synonyme pour chacun des verbes standards (ex. : sauter); l'apparition de cette rubrique dans l'analyse des productions concernant un énoncé dépend plus semble-t-il du système de valeurs de la langue que de choix délibérés des sujets.

L'évolution des productions du groupe b au groupe c se présente toujours de la manière suivante; le verbe standard est choisi par plus de 50 % des sujets s'il n'a pas de synonyme dans la langue. S'il en a, la majorité des choix se portent sur le standard ou sur son synonyme. Les autres verbes produits se distribuent dans les trois autres rubriques (3, 4 et 5). A partir de 6 ans, les sujets tendent à ne plus utiliser que le verbe standard et son synonyme éventuel. Les quelques autres verbes produits appartiennent à la rubrique 3, rarement à 4, jamais à 5.

Les verbes choisis pour les situations de la catégorie E peuvent également être regroupés en cinq rubriques (exemples tirés des productions fournies à la situation 11) :
1. verbe standard : *nager*;
2. verbe d'état : *être (dans l'eau)*;
3. verbe global : *aller, bouger*;
4. verbe de déplacement : *avancer, traverser*;
5. verbe indiquant une des caractéristiques du déplacement : *tourner, zigzaguer*.

Alors que pour les situations précédentes, le passage du groupe b au groupe c se traduisait par une restriction des choix, il se traduit ici par une dispersion notable; avant 6 ans, ne sont produits que le verbe standard, les verbes d'état et le verbe global, alors que plus tard, les verbes des deux autres rubriques commencent à être produits.

Pour les catégories B et C, le nombre de verbes différents par situation varie de 16 à 26 (n = 21). La dispersion des choix est donc considérable. Les adverbes apparaissent dès 4 ans environ et les syntagmes prépositionnels indiquant le résultat sont très fréquents.

Pour les actions de parcours intransitif dans l'espace, la presque totalité des verbes produits peut être regroupée de la manière suivante :
1. verbe global : *aller*;
2. verbe standard : *marcher*;
3. verbe indiquant un moment de déroulement du procès : *partir, arriver*;

4. verbe indiquant un ordre du procès, la vitesse par exemple : *foncer*;
5. verbe de déplacement, de vection : *se diriger*.

De manière générale, les enfants de moins de 6 ans choisissent les verbes des types 1, 2, 3 et 4, avec cependant une plus grande fréquence pour les items des deux premiers types. L'indice de dispersion est très élevé. Ces mêmes sujets combinent parfois un verbe global (type 1) avec un adverbe exprimant la vitesse. Enfin, les syntagmes prépositionnels indiquant le but ou le résultat apparaissent d'autant plus fréquemment que l'espace à parcourir pour obtenir ce but ou ce résultat est court.

Pour la situation de parcours transitif (9), en ce qui concerne le choix des verbes, tout se passe comme si les sujets étaient en présence de deux actions distinctes; le déplacement dans l'espace (intransitif en soi), et la relation transitive entre actant et patient de l'action. Une moitié de sujet décrit le premier aspect et l'évolution des choix est analogue à celle observée pour les autres actions intransitives. L'autre moitié se centre sur l'action transitive et l'évolution des choix correspond à celle mise en évidence pour la catégorie A. Aucun adverbe n'est produit et les syntagmes prépositionnels indiquant le résultat n'apparaissent que dans les énoncés centrés sur le déplacement dans l'espace.

F. DISCUSSION

Les marques lexicales que nous venons d'analyser, verbes, adverbes et syntagmes prépositionnels n'assument de toute évidence aucune fonction temporelle; quel est dès lors leur rôle ?

En ce qui concerne tout d'abord le nombre de verbes différents par situation, les résultats obtenus aux situations de catégorie A, D et E sont semblables et s'opposent à ceux obtenus pour les situations de catégories B et C. Ce résultat paradoxal s'explique par une différence de « complexité » dans ces deux catégories d'action; du couple déroulement-résultat, les premières ne présentent en effet qu'un terme alors que les secondes comportent clairement les deux éléments. En A, le résultat est tellement prégnant que la probabilité de production d'un verbe de déroulement est infime. En D et E par contre, aucun résultat n'est présenté de telle sorte que le déroulement seul est descriptible. Pour ce qui concerne B et C, la phase de déroulement est bien distincte de celle du résultat, et l'une ne se définit que par rapport à l'autre; le sujet peut donc se centrer sur un mode de déroulement (la vitesse), ou sur un moment particulier du déroulement (départ, arrivée).

L'évolution des fréquences d'emploi des différents types de verbe fait apparaître un autre découpage des catégories; A, B, C et D évoluent dans le sens d'une restriction des productions aux items standards et de déplacement, alors que E se caractérise par l'apparition de nouveaux types de verbes. Le premier type d'évolution s'explique de deux manières différentes;

la disparition des verbes indiquant une caractéristique ou un moment du déroulement dans les catégories B et C (et dans une moindre mesure dans la catégorie A), semble être le résultat d'une saisie plus globale de l'action par l'enfant; le verbe choisi par les enfants de plus de 6 ans exprime soit l'état résultant d'un certain déroulement (verbe standard : « il a marché » c'est-à-dire « il est ayant marché »), soit le déroulement finalisé, c'est-à-dire le déroulement englobant la perspective du résultat (« il se dirige vers... »). L'évolution de la catégorie D s'expliquerait aussi par une saisie plus globale de l'action; à l'expression de certaines caractéristiques typiques de l'action succéderait celle de l'habituel, du permanent induit par la répétition. Dans la catégorie E par contre, l'action est d'abord conçue comme un déroulement; peu de verbes différents sont choisis. Après 6 ans, ce déroulement devient véritablement un état auquel on adjoint l'une ou l'autre qualification « il (nageant dans l'eau) traverse ».

Les adverbes ne sont utilisés que pour décrire une caractéristique de l'action que l'on peut qualifier d'« ordre du procès »; la vitesse, combinaison des paramètres de durée et d'espace. Les syntagmes prépositionnels indiquent quant à eux un moment privilégié du déroulement de l'action; le résultat.

Il apparaît de la sorte que l'ensemble des marques lexicales que nous venons d'analyser s'inscrivent dans le cadre du fonctionnement de nuances aspectuelles distinctes :

A tout âge, le choix et la répartition des verbes standards et globaux de même que la distribution de certains syntagmes prépositionnels indiquent la caractéristique de l'action que les sujets considèrent comme essentielle : déroulement (transitif ou intransitif), résultat, déroulement-résultat.

Chez les enfants de moins de 6 ans, l'ordre du procès (vitesse) est exprimé de deux manières différentes; par le choix d'un item spécifique (« foncer ») ou par la combinaison du verbe global et d'un adverbe spécifique (« aller vite »). La prise en considération de cette caractéristique implique néanmoins que dans la situation présentée, déroulement et résultat soient distinguables. Cette fonction aspectuelle n'apparaît donc que dans les descriptions d'actions de catégorie B ou C. Les enfants du même groupe d'âge peuvent également se centrer sur un moment particulier du déroulement de l'action; cette fonction est assumée par des verbes spécifiques (« partir ») et en ce qui concerne la fin de l'action, également par des syntagmes prépositionnels.

A partir de 6 ans, la saisie globale de l'action est exprimée par le choix nettement majoritaire du verbe global et par les verbes de vection (« se diriger », « venir dans »). L'ordre du procès est exprimé par un adverbe associé à un verbe standard (« elle a marché doucement »).

III. LES RELATIONS ENTRE CHOIX DU TEMPS ET CHOIX DU VERBE

La brève analyse que nous allons présenter ne doit être considérée que comme une introduction à des recherches ultérieures; les données obtenues sont trop riches, notre population trop restreinte, et nos instruments de mesures rudimentaires. Nous ne dégagerons donc que des indications, mais celles-ci ne nous paraissent pas dénuées d'intérêt.

Pour les deux catégories subjectives situées à l'extrémité du continuum (A et E), le problème des relations entre choix du temps et choix du verbe ne se pose guère. En A, la fréquence d'utilisation du verbe standard est à ce point élevée que l'analyse de ses flexions ne peut que coïncider avec celle effectuée sur l'ensemble des verbes; on observe donc un choix presque exclusif du *passé composé* avant 6 ans, et l'apparition du *présent* après cet âge. En E, c'est l'emploi du *présent* à tout âge qui rend inutile l'analyse des rapports entre temps et verbe.

Les verbes produits pour les situations de catégorie B et C se distribuent en cinq rubriques (cf. p. 83). Deux de celles-ci sont composées d'items peu nombreux mais très fréquents; ce sont les verbes globaux et standards, qui se prêtent plus à ce type d'analyse que les items des trois autres rubriques.

Le verbe à signification globale « aller » a été utilisé systématiquement dans les quatre situations intransitives. Pour chaque situation, le pourcentage total de *présents* est plus élevé pour « aller » que pour l'ensemble des verbes. Parallèlement, le pourcentage total des *passés composés* est, à chaque situation, plus important pour l'ensemble des verbes que pour « aller ». Il apparaît en outre que la répartition des temps choisis avec le verbe « aller » reste sensiblement le même quelle que soit la situation à décrire. Cette impression est confirmée par l'évolution de la répartition des temps du groupe a au groupe c. De 3;0 à 3;6 ans, « aller » est conjugué exclusivement au *présent* et à l'*imparfait*; de 3;6 à 5;11 ans et de 6;0 à 7;11 ans, les *présents* et *imparfaits* diminuent régulièrement alors que le *passé composé* augmente pour atteindre 35 % au groupe c, c'est-à-dire un pourcentage de même ordre que celui obtenu pour l'ensemble des verbes. Cette évolution semble bien spécifique au verbe « aller » puisque, pour l'ensemble des verbes, on observe un phénomène inverse : augmentation de la production des *présents*, et diminution de celle des *passés composés*.

En ce qui concerne les verbes standards, on observe l'évolution la plus claire pour les situations 3, 5 et 8 qui n'ont qu'un seul verbe spécifique, (« rouler » pour la sit. 3, « marcher » pour les deux autres). Dans les trois cas, on constate une répartition des temps plus proche de la répartition globale que celle obtenue avec le verbe « aller » (4 à 9 % de différence). En outre, on observe une distinction très nette entre la répartition obtenue avant et après 6 ans. Avant 6 ans, le *passé composé* est toujours le temps le plus utilisé, alors qu'après 6 ans le *présent* devient majoritaire et l'*imparfait* disparaît. Cette tendance à l'utilisation majoritaire du *présent* avec le verbe standard va donc dans le même sens que la tendance observée avec l'ensemble des verbes.

Pour la situation 6, on obtient deux verbes standards : voler et sauter. Le premier de ces deux verbes est conjugué aux mêmes temps que les deux verbes standards précités (courir et marcher). Le verbe « sauter » par contre est employé surtout avec le *passé composé* quel que soit le groupe d'âge.

Pour la situation 9, les deux verbes standards sont aussi conjugués de manière distincte. « Pousser » est utilisé de manière aléatoire au *présent* ou au *passé composé* quel que soit l'âge des sujets, tandis que « promener » subit l'évolution de la majorité des verbes standards; *passé composé* majoritaire avant 6 ans (avec l'*imparfait*) et *présent* majoritaire après 6 ans avec disparition de l'*imparfait*.

En ce qui concerne les autres verbes utilisés dans la description de ces 5 situations, il est impossible de fournir une analyse sérieuse du rapport entre temps et verbe étant donné leur fréquence minime d'apparition; le seul fait notable est l'emploi nettement majoritaire du *passé composé* avec les verbes isolés de la situation 3 (courir, marcher, sauter, faire vite, passer, etc.).

De manière générale, il semble que chez les sujets de moins de 6 ans, ce soit le type de verbe choisi qui impose la répartition de temps qui lui est propre. Plus tard, la proportion des diverses flexions tend à être semblable pour tous les verbes.

En ce qui concerne les situations de catégorie D, on observe une évolution de même type, avec cependant les caractéristiques particulières qui suivent :

Avant 6 ans, les verbes standards des situations 4 et 7 (« caresser » et « laver ») sont conjugués plus fréquemment au *présent* (54,83 et 64,28 %) qu'au *passé composé*. Cet emploi prédominant du *présent* avec le verbe standard est cependant compensé par l'utilisation à la même période d'un autre verbe (« toucher » pour la sit. 4 et « nettoyer » pour la sit. 7) conjugué au *passé composé*.

A la même période d'âge, le verbe « tourner », standard des situations 13 et 14 est surtout conjugué au *passé composé* (respectivement 77,42 % et 53,87 %), et cet emploi majoritaire du *passé composé* est compensé par l'emploi de verbes moins résultatifs conjugués au *présent* (« courir » pour la sit. 13 et « rouler » pour la sit. 14).

A partir de 6 ans, le *présent* est utilisé avec tous les verbes dans une proportion de plus de 75 %.

IV. SYNTHESE : LES MARQUES LEXICALES ET MORPHOLOGIQUES DE L'ASPECT ET DU TEMPS

Tous les résultats présentés dans cette recherche démontrent que les productions de l'enfant changent très significativement aux environs de 6 ans. L'analyse des marques lexicales a révélé en outre que les enfants de moins de 3;6 ans se comportent différemment de leurs aînés. Une expérience réalisée avec des groupes d'âge plus restreints (expérience 1 b) a démontré le même phénomène en ce qui concerne la production des temps du verbe. Il nous paraît dès lors légitime de présenter notre synthèse en tenant compte de trois groupes d'âge : *a)* avant 3;6 ans, *b)* de 3;6 à 5;11 ans, *c)* de 6;0 à 7;11 ans.

Les enfants de moins de 3;6 ans utilisent de manière préférentielle un verbe d'état (surtout pour les actions non résultatives), ou un verbe global (« aller »). Ces items constituent l'expression la plus générale de l'action non résultative ou de l'action résultative intransitive, sans focalisation particulière sur le résultat ou sur une des caractéristiques du déroulement. Ils sont conjugués au *présent*, parfois à l'*imparfait* et au *passé composé*. Le *présent utilisé* avec le verbe global nous paraît assumer une fonction plus déictique qu'aspectuelle ou temporelle; l'enfant désigne simplement un déplacement vers un but.

Cette désignation d'action est de même type que les désignations d'objets ou d'êtres (énoncés sans verbes), et les désignations du résultat. L'*imparfait* qui apparaît à cet âge nous paraît constituer une forme d'expression de la modalité, en l'occurrence l'expression de la volonté ou de l'effort; sa fonction semble assez proche de celle des *imparfaits* ludiques ou hypocoristiques. Les formes du *passé composé*, fréquentes surtout avec les verbes n'appartenant pas aux deux catégories principales (verbes globaux et verbes d'état) sont en réalité à mi-chemin entre l'*infinitif* et le *passé composé*; elles pourraient également constituer des désignations d'actions (*Mar.*, 3;6 ans : Elle ... allé(r) ... garage).

A partir de 3;6 ans, on note l'apparition d'un verbe standard, représentant l'action dans son ensemble; « marcher », « pousser », « nager ». Ce sont les flexions sur ce type de verbes qui sont porteuses des significations aspectuelles principales : en fonction de la probabilité de prise en considération du déroulement d'une part, du résultat d'autre part, les sujets choisissent soit le *présent*, soit le *passé composé*; leur choix de temps s'inscrit donc dans le cadre de l'aspect au sens strict de Culioli (cf. p. 21) : le *présent* est le temps de l'inaccompli et le *passé composé* le temps de l'accompli. Pour les autres types de verbes, les variations de flexions ne paraissent pas pertinentes; c'est le sens du verbe lui-même ou le sens d'une autre marque lexicale qui est

---

[2] L'expérience 1b a été réalisée avec le même délai d'énonciation et des situations de même type qu'en 1a. Les sujets étaient regroupés par tranches de six mois.

porteur de la signification aspectuelle. Ainsi, certains types de verbes désignent un moment de déroulement de l'action, d'autres un ordre du procès. Le premier de ces signifiés aspectuels peut être également exprimé par la combinaison d'un adverbe et d'un verbe global, le second par un syntagme prépositionnel.

Au-delà de 6 ans, les flexions des différents verbes choisis pour décrire une même situation se distribuent de manière équivalente pour chaque verbe; le choix de la flexion devient donc indépendant du choix de la racine verbale. Pour les situations résultatives, la variété des verbes diminue, les sujets se limitant à ceux qui expriment une saisie globale de l'action (verbes standards ou verbes de vection). Le *présent* devient la flexion nettement dominante, il assume une fonction temporelle. On observe en outre la combinaison de verbes standards et d'adverbes indiquant un ordre du procès.

Du second au troisième groupe de sujets, deux transformations capitales se sont réalisées; alors que de 3 à 6 ans, les diverses fonctions aspectuelles sont exprimées à la fois par les marques morphologiques et syntaxiques, à partir de 6 ans, la fonction temporelle est réservée aux flexions verbales, et les fonctions aspectuelles tendent à ne plus être exprimées que par quelques marques lexicales. En ce qui concerne le choix des modes d'expression, les enfants de moins de 6 ans semblent concentrer le maximum de signification dans le verbe et ses flexions, alors que les plus âgés distribuent plus volontiers les différentes marques au niveau de l'ensemble de la phrase.

CHAPITRE V

L'INCIDENCE DES VARIATIONS DU DELAI DE PRODUCTION SUR LE CHOIX DES MARQUES ASPECTUELLES ET TEMPORELLES CHEZ L'ENFANT

Trois expériences seront présentées dans ce chapitre; l'expérience II, réalisée avec un délai de production de 7 secondes, l'expérience III, avec un délai de 25 secondes, et l'expérience IV dans laquelle le délai de production était libre (0 seconde). Les données des expériences II et III seront analysées en détail, celles de l'expérience IV résumées.

EXPERIENCE II

Cette expérience se différencie de la précédente essentiellement par l'introduction d'un délai long (7 sec. environ) entre la fin de l'action de l'expérimentateur et le début de la production de l'enfant.

Nous avons présenté 11 situations à 74 enfants de 2;11 à 8;0 ans, se répartissant en cinq groupes d'âge d'importance équivalente. Parmi ces situations, six étaient résultatives, deux non résultatives et trois arésultatives.

Pour les situations résultatives, nous avons fait varier la durée (D1, D2, D5 et D10), en considérant les actions de moins de trois secondes comme non duratives (nD) et celles de plus de trois secondes comme duratives (D). Nous avons présenté également des actions continues (C), d'autres fréquentatives (F), enfin, certaines actions atteignaient un but explicitement défini en cours d'expérience (S), d'autres pas (E).

Le but principal de cette recherche n'étant plus d'analyser le rôle des caractéristiques de l'action (CA), mais plutôt celui du délai de production (DP), nous n'avons donc pas fait varier systématiquement les facteurs précités. Nous avons cependant choisi nos actions de manière à pouvoir opposer entre elles certaines de ces caractéristiques.

— Sit. 1 : (R.D1.E100.C.). La voiture pousse la balle qui roule dans un panier.
— Sit. 2. : (R.D10.E100.C.). Le camion pousse lentement la voiture jusqu'au garage.

Ces deux actions se différencient donc exclusivement par la durée ou (l'espace restant constant) par la vitesse du déplacement.

Pour les quatre situations qui suivent, nous avons défini un but à atteindre; « le fermier, la fermière et les animaux, ils veulent arriver à la ferme; on va voir s'ils y arrivent ».

— Sit. 3 : (R.D2.E100.C.S.). La fermière saute d'un seul coup par-dessus 10 barrières et arrive à la ferme.
— Sit. 4 : (R.D10.E100.F.S). Le fermier saute par-dessus chacune des 10 barrières et arrive à la ferme.
— Sit. 5 : (R.D1.E10.nS). Le cheval saute par-dessus une barrière et n'atteint pas la ferme.
— Sit. 6 : (R.D5.E50.F.nS). La vache saute par-dessus 5 barrières et n'atteint pas la ferme.

Comme on le constate, les situations 3 et 5 d'une part, 4 et 6 d'autre part, s'opposent entre elles par la durée et par le mode de déplacement (fréquentatif/continu). Les situations 3 et 4 s'opposent par ailleurs aux situations 5 et 6 par le facteur échec-réussite.

Pour les deux situations non résultatives, nous avons uniquement fait varier le paramètre de durée (D2 et D15).

— Sit. 7 : (NR.D2.C.MC). Le poisson nage dans le lac (amorce de mouvement circulaire).
— Sit. 8 : (NR.D15.C.MC). Le cygne nage dans le lac (mouvement circulaire).

Pour les trois situations arésultatives, nous avons fait varier la durée (D1/2, D8) et la fréquence.

— Sit. 9 : (A.D1/2). Le mouton pousse un cri bref.
— Sit. 10 : (A.D8.F). Le chat crie huit fois (cris : 1/2 sec., intervalles : 1/2 sec.).
— Sit. 11 : (A.D8.C). Le bébé pousse un long cri continu.

Dans ces situations, durée et caractère continu/fréquentatif ne peuvent être isolés; pour une durée brève, la distinction fréquentatif/continu n'a pas de sens, et d'autre part, un cri continu ne peut être que duratif.

Ordre de présentation

Les 11 situations ont été groupées en trois séries.

— Sit. 1, 2, 7, 8, c'est-à-dire les actions résultatives et non résultatives continues.

— Sit. 3, 4, 5, 6, c'est-à-dire les actions de sauts, qui sont résultatives et fréquentatives.

— Sit. 9, 10 et 11, c'est-à-dire les actions arésultatives.

A chaque sujet nous avons présenté les trois séries dans l'ordre, mais à l'intérieur de ces séries, l'ordre d'apparition des items était aléatoire.

Les données recueillies

Comme dans l'expérience précédente, nous disposons pour chaque sujet d'un protocole dans lequel sont consignées les productions fournies à chacune des situations. En voici quelques exemples typiques :

Nad., 3;8 ans

(1) Le camion, il a roulé la boule. (2) Là... l'auto elle pousse doucement... euh... le camion y pousse l'auto verte. (3) Elle saute. (4) Y monte sur les barrières... il est à la maison. (5) Il a sauté une fois. (6) La vache, elle a tombé la barrière. (7) Le loup, y nage. (8) Le loup nage beaucoup. (9) Y crie. (10) Y crie. (11) Y crie doucement.

Den., 4;8 ans

(1) Le petit garçon qui joue à la bille, il l'a foutue sur le toit. (2) Le camion, y pousse la voiture pour monter sur le toit. (3) La fille qui saute à travers les barrières. (4) Il a sauté à travers les barrières et il arrive chez lui. (5) Le cheval à sauté à travers les barrières. (6) Elle a billé (argot genevois) dans l'autre barrière... elle voudrait aller chez elle dans son écurie. (7) Il a tourné. (8) Il a tourné aussi. (9) Le petit mouton qui crie. (10) Le petit chat qui miaule. (11) La poupée qui crie.

Phi., 6;4 ans

Le camion, il a poussé une grosse bille, alors la grosse bille est allée contre la voiture. (2) Le camion pousse la voiture dans le garage. (3) Elle a sauté toutes les barrières, elle est arrivée à la maison du fermier. (4) Le fermier a sauté toutes les barrières et il est arrivé dans sa maison. (5) Il a sauté qu'une barrière. (6) Elle a sauté par-dessus trois barrières et puis elle a poussé une barrière. (7) Il y a une grenouille dans l'eau... elle nage. (8) Un canard nage dans l'eau. (9) Le mouton, il a crié. (10) Le chat, il a crié. (11) La poupée a crié pendant très longtemps.

Les modalités de dépouillement des protocoles, ainsi que les critères de classification des réponses sont identiques à ceux utilisés pour l'expérience I (cf. p. 53).

I. LA PRODUCTION DES TEMPS DU VERBE

Quelques énoncés fournis par nos sujets les plus jeunes ne font aucune mention de l'action (« Le camion et la voiture... »); d'autres constituent des descriptions purement statiques; nous les avons exclus de notre analyse qui portera de la sorte sur 788 énoncés.

Sur l'ensemble de notre population, deux sujets seulement choisissent un seul et même temps (le *passé composé*) pour décrire les situations; l'un est âgé de 5;4 ans, l'autre de 6;8 ans.

A. ANALYSE GLOBALE DE LA REPARTITION DES TEMPS

Les temps des verbes se répartissent comme suit : 465 *passés composés* (59 %), 286 *présents* (36 %) et 37 *imparfaits* (5 %). Si l'on établit une hiérarchie provisoire de nos actions en tenant compte du pourcentage de *passés composés* fournis, on constate que, plus encore que dans l'expérience précédente, les situations résultatives se distinguent des non résultatives, et que d'autre part, les situations arésultatives occupent une position intermédiaire.

Tableau 12

Classification provisoire des situations en fonctions du pourcentage de passés composés *fournis lors de leur description.*

Situations	Temps du verbe choisis		
	Passés composés	*Imparfaits*	*Présents*
5. (R.D1.E10.nS)	92	1	7
3. (R.D2.E100.C.S)	86	0	14
1. (R.D1.E100.C)	85	4	11
6. (R.D5.E50.F.nS)	80	2	18
4. (R.D10.E100.F.S)	68	2	30
9. (A.D1/2)	59	3	38
2. (R.D10.E100.C)	57	10	33
10. (A.D8.F)	55	3	42
11. (A.D8.C)	42	3	55
7. (NR.D2.C.MC)	12	8	80
8. (NR.D15.C.MC)	11	17	72

1. *La description des situations résultatives*

Comme il ressort du tableau précédent, ces situations suscitent un emploi très fréquent du *passé composé*; 78 % des verbes sont conjugués à ce temps pour 19 % au *présent* et 3 % à l'*imparfait*. Le tableau 13 nous montre la répartition précise de ces temps pour chacune des six actions résultatives. Il apparaît immédiatement que le *passé composé* est utilisé plus fréquemment dans la description des actions non duratives que dans celle des actions duratives; cette différence est statistiquement très significative ($X^2 = 22.98$). Parmi les trois situations non duratives, aucune différence n'est à signaler, tandis que pour les situations duratives, on observe, de la situation 6 à la situation 2, un accroissement significatif du *présent* et de l'*imparfait*. Deux facteurs pourraient contribuer à cette modification de la répartition des temps; la durée, et le caractère fréquentatif/continu. Or, si l'on compare entre elles les deux actions fréquentatives de durée différente

Tableau 13
Répartition des temps pour les 6 situations résultatives

sit. nD	P-C	Pr.	I	T.Rp.	Sit. D	P-C	Pr.	I	T.Rp.
1.	61	8	3	72	2.	41	24	7	72
3.	61	10	0	71	4.	50	22	1	73
5.	67	5	1	73	6.	56	13	1	70
	189	23	4	216		147	59	9	215

(5 sec. pour la sit. 6, 10 sec. pour la sit. 4), on constate que la différence est non significative. Si l'on oppose par contre, les deux situations fréquentatives (4 et 6) à la situation continue (2) on obtient un indice très significatif.

Les paramètres de durée et de fréquence influencent donc significativement le choix des temps de nos sujets. Le succès ou l'échec par rapport au but préalablement défini ne semble par contre pas être pris en considéraration: on n'observe pas de différence dans l'emploi des temps aux situations 3 et 4 d'une part (réussite) et 5 et 6 d'autre part (échec). En fait, pour nos sujets, il semble que les actions échouées aient un résultat au moins aussi prégnant que les actions réussies. Le facteur espace parcouru n'a pas été isolé dans cette expérience.

2. *La description des situations arésultatives*

Ces situations suscitent une production de *passés composés* dans un peu plus de la moitié des énoncés (52 %). Le *présent* est choisi dans 45 % des énoncés, l'*imparfait* dans 3 % seulement. Le tableau 14 indique la distribution de ces temps pour chacune des situations; la proportion de *passés composés* est plus importante pour la situation 9 que pour la situation 10, et plus importante pour cette dernière que pour la situation 11. On se souvient que les actions arésultatives se différencient entre elles à la fois par la durée et la fréquence; dans la description de l'action non durative (sit. 9), la proportion de *passés composés* est plus importante que dans celle des deux actions duratives (sit. 10 et 11), et parmi ces dernières, la proportion de *passés composés* est plus importante pour l'action fréquentative que pour l'action continue. Ces résultats confirment ceux obtenus avec les

Tableau 14
Répartition des temps pour les trois situations arésultatives.

Situations	Temps du verbe choisis			
	P-C	Pr.	I	Total
9.	44	28	2	74
10.	39	30	2	71
11.	30	40	2	72
Total	113	98	6	217

situations perfectives, mais aucune des différences mentionnées n'est significative statistiquement.

3. *La description des situations non résultatives*

Pour les deux situations, la répartition des temps s'établit comme suit : 76 % de *présents*, 13 % d'*imparfaits* et 11 % seulement de *passés composés*. La situation 8, qui est durative (D15) suscite un emploi d'*imparfaits* plus important que la situation 7, non durative (D2). Ceci constitue la seule différence observable dans les descriptions de ces deux actions, différence qui est cependant statistiquement non significative.

4. *Discussion*

Ces résultats dans leur ensemble, confirment et même accentuent les tendances apparues dans l'expérience I. Les actions qui donnent lieu à un résultat clair (R) sont décrites principalement au *passé composé*, tandis que celles qui n'ont pas de résultat observable (NR) sont décrites au *présent*. Les situations d'émission sonore sont, quant à elles, décrites dans une proportion quasi équivalente au *présent* ou au *passé composé*.

Les six actions résultatives peuvent être classées en fonction du délai spatio-temporel d'obtention du résultat; on obtient de cette manière trois catégories :
A. Action avec résultat instantané : sit. 5.
B. Actions avec délai spatial de réalisation : sit. 1 et 3.
C. Actions avec délai spatio-temporel de réalisation : sit. 2, 4 et 6.

Comme il ressort du tableau 15, la fréquence de production du *présent* et de l'*imparfait* s'accroît de A à C, parallèlement à la diminution du *passé composé*. Cette évolution, qui confirme celle observée à l'expérience I, est très significative statistiquement. Comme dans l'expérience précédente également, l'analyse des indices statistiques semble montrer que les choix de temps des sujets semblent plus dépendants de l'appartenance de l'action à l'une de ces catégories, que de la présence d'un ou plusieurs paramètres objectifs. On remarquera cependant qu'à l'intérieur de la catégorie C, l'opposition fréquentatif-continu exerce une influence nette sur le choix des temps.

Les actions non résultatives sont analogues à celles que nous avions précédemment classées en catégorie E; le cygne et le canard nagent dans leur milieu naturel sans poursuivre aucun but apparent, ou chercher à atteindre un résultat quelconque. Ces actions sont donc intrinsèquement non résultatives.

Quant aux actions arésultatives, elles donnent lieu à une production de temps dont la répartition est très semblable à celle obtenue pour les actions de catégorie D. Les actions arésultatives, comme celles de catégorie D, constituent un déroulement auquel on peut éventuellement attribuer un résultat extrinsèque, c'est-à-dire n'ayant aucun lien fonctionnel avec le déroulement. Nous rassemblerons ces actions en une catégorie D'.

Les différences de répartition des temps pour ces cinq catégories sont statistiquement très significatives.

Tableau 15
Répartition des temps pour les trois catégories subjectives d'actions résultatives.

Catégories d'actions	Temps du verbe choisis			
	P-C	Pr.	I	Total
A	67	5	1	73
B	122	18	3	143
C	147	59	9	215
Total	336	82	13	431

B. ANALYSE GENETIQUE DE LA REPARTITION DES TEMPS

1. *Le rôle des paramètres objectifs*

Les sujets de chacun de nos groupes d'âge choisissent des temps du verbe très significativement différents pour décrire les actions résultatives, arésultatives et non résultatives. Ces différences tendent même à s'accentuer à partir du groupe IV, c'est-à-dire chez les sujets de plus de 6 ans. Ce phénomène s'explique de la manière suivante : alors qu'avant 6 ans, les

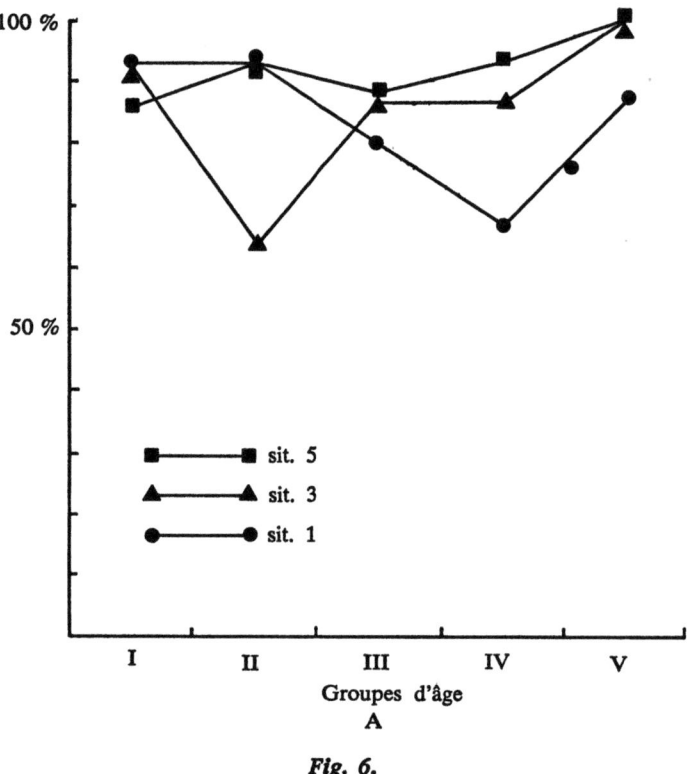

Fig. 6.

actions résultatives duratives et arésultatives étaient décrites au *présent*, soit au *passé composé*, après cet âge, elles sont décrites presque exclusivement au *passé composé*. Les actions non résultatives étant de leur côté décrites à tout âge au *présent* ou à l'*imparfait*, le contraste entre les descriptions s'accentue donc à partir de 6 ans.

Les actions résultatives se différencient principalement par la durée et par le paramètre continu-fréquentatif. En ce qui concerne la durée, la figure 6 nous montre que la proportion de *passés composés* reste stable pour les situations non duratives, alors que l'emploi de ce temps progresse du groupe I au groupe V pour les actions duratives. L'analyse statistique révèle que les différences de répartition des temps pour ces deux groupes de situations sont significatives pour les groupes d'âge I et III, c'est-à-dire de 3 à 6 ans, alors qu'elles cessent de l'être à partir du groupe IV. Pour isoler plus parfaitement le facteur de durée, nous avons comparé entre elles les deux actions qui se différencient seulement par la durée (sit. 1 et 2). Dans les deux cas, l'action est « pousser », la distance couverte est 100 cm, un résultat est obtenu, mais en 1, la durée est d'une seconde et en 2 de

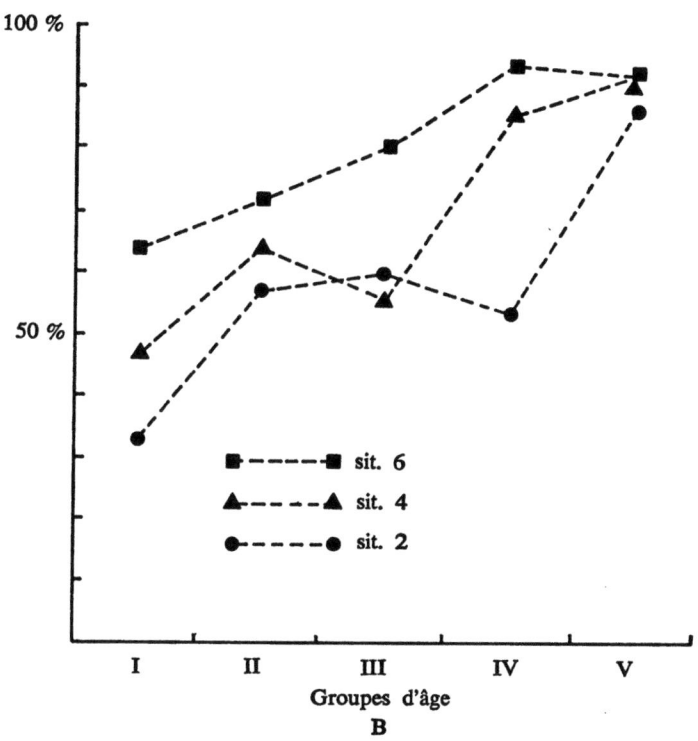

Fig. 6.
Proportion d'utilisation du *passé composé* à chaque âge, pour la description des sit. nD (A) et des sit. D (B).

10 secondes. La distribution des réponses est très significativement différente au groupe I, significativement au groupe II et non significativement aux trois autres groupes. Il semble donc, que de 3;0 à 6;0, le paramètre de durée influence le choix des temps, mais que cette influence s'atténue avec l'âge. Un dernier type d'analyse nous permet de confirmer cette conclusion; les six situations résultatives peuvent être ordonnées comme suit en fonction de leur durée:

— Sit. 1 et sit. 5 : 1 seconde;
— Sit. 3 : 2 secondes;
— Sit. 6 : 5 secondes.
— Sit. 2 et sit. 4 : 10 secondes.

Comme le montre la figure 7, l'utilisation du *présent* et de l'*imparfait* croît parallèlement à l'accroissement de la durée, et cette évolution est particulièrement claire de 3 à 6 ans.

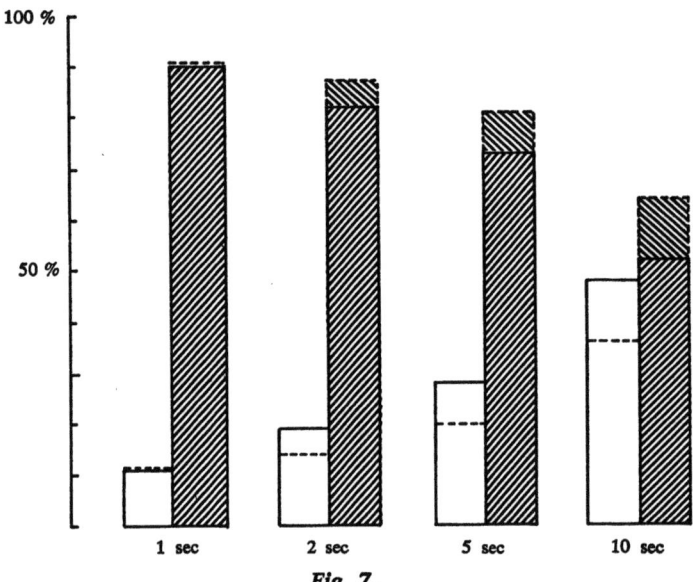

Fig. 7.
La proportion des *passés composés* et des *présents* + *imparfaits* est représentée respectivement par les colonnes sombres et claires pour les actions de 1′, 2′, 5′ et 10′ de durée. Les surfaces à limite supérieure continue indiquent cette proportion pour les groupes d'âge I, II et III; les surfaces dont la limite supérieure est constituée de tirets indiquent cette proportion pour tous les groupes d'âge.

Nous avons analysé l'influence du facteur « fréquence » en opposant les distributions de temps de la situation 2 à celles des situations 4 et 6. Il s'avère que ces distributions ne présentent de différence significative qu'au groupe IV, c'est-à-dire de 6 à 7 ans; le *présent* et l'*imparfait* sont choisis par ces sujets pour décrire les actions continues, beaucoup plus souvent que pour décrire les actions fréquentatives.

Pour les actions résultatives, il semble donc que la durée influence le choix des temps de 3 à 6 ans, et que l'aspect fréquentatif devienne important entre 6 et 7 ans. Le premier de ces résultats confirme ce qui était apparu à l'expérience précédente.

Les situations arésultatives, comme les résultatives suscitent une utilisation du *passé composé* d'autant plus importante que les sujets sont âgés. L'analyse génétique ne révèle aucune autre évolution; à aucun des groupes d'âge, les paramètres de durée et de fréquence n'influencent significativement le choix des temps.

Aucune tendance génétique n'apparaît dans la description des situations non résultatives; *présents* et *imparfaits* sont toujours les temps les plus fréquents, bien que ce dernier temps n'apparaisse régulièrement qu'à partir de 6 ans.

2. Le rôle des catégories subjectives

Il est apparu (cf. p. 96) que les sujets de cette expérience avaient constitué diverses catégories d'action, en ne tenant compte que partiellement des paramètres objectifs isolés dans le plan expérimental. On peut considérer que le choix d'un temps du verbe est dépendant de l'appartenance de l'action à décrire à l'une ou l'autre de ces catégories.

De 3 à 6 ans, les différences de répartition des temps sont significatives entre toutes les catégories. Des situations résultatives immédiates (cat. A), aux situations non résultatives intrinsèques (cat. E), on observe une décroissance continue de la production de *passés composés*, et une croissance continue de la production des *présents* et des *imparfaits*. A partir de 6 ans, la répartition de temps pour les trois situations résultatives s'harmonise; le *passé composé* est presque toujours produit, mais les différences de répartition entre actions résultatives, arésultatives et non résultatives intrinsèques restent significatives.

C. SYNTHESE

Les résultats fournis par les enfants de moins de 6 ans avec un délai de production de 7 secondes ne présentent aucune différence notable avec ceux fournis dans l'expérience précédente (DP2). Les actions résultatives sont décrites au *passé composé*, au *présent* ou à l'*imparfait*; la fréquence d'apparition de ces deux derniers temps est fonction de l'intervalle entre début et fin de l'action; si ce dernier s'accroît, le pourcentage de *présents* s'accroît lui aussi. Les actions non résultatives intrinsèques (ce sont les seules présentées dans cette expérience) se caractérisent par un emploi quasi exclusif du *présent*. Quant aux actions arésultatives, dont on a vu précédemment qu'elles étaient décrites comme des non résultatives accidentelles, elles suscitent comme ces dernières un pourcentage de *présents* légèrement supérieur à celui des *passés composés*. A partir de 6 ans par contre, on observe des différences très importantes d'avec les résultats des expériences précédentes. En effet, pour les situations résultatives (spatio-temporelles ou non), on note une tendance à l'utilisation presque exclusive du *passé composé*, alors que précédemment, il s'agissait d'une tendance à l'utilisation du *présent*. Les actions arésultatives elles-mêmes sont décrites de préférence au passé. En ce qui concerne les actions non résultatives, la *présent* demeure à tout âge le temps le plus employé, mais il faut noter l'apparition d'une proportion non négligeable d'*imparfaits* (40 % au groupe V) qui assume peut-être là sa fonction d'« imperfectif du passé ».

Ces résultats, et surtout la comparaison avec ceux des expériences précédentes semblent confirmer les deux parties de notre hypothèse de base;
— d'une part, l'existence d'une fonction aspectuelle des temps du verbe avant 6 ans, que le délai « temporel » de production soit de 2 secondes ou de 7 secondes, — d'autre part, la confirmation de la naissance de la fonction

temporelle de ces mêmes temps après 6 ans. En effet, les différentes catégories résultatives ne suscitent un emploi des temps différencié qu'avant 6 ans. Après cette période, le choix de la flexion dépend au contraire du délai de production; les sujets tendent à utiliser le *présent* si l'action est terminée depuis 2 secondes; ils choisissent le *passé composé* si 7 secondes se sont écoulées avant l'énonciation. Pour les situations non résultatives, nous n'avons pu confirmer l'influence des nuances aspectuelles mineures (durée, fréquence) avant 6 ans. Chez les sujets plus âgés, il faut noter cependant l'apparition de l'*imparfait* qui, à cet âge, pourrait assumer lui aussi une fonction temporelle.

Ces résultats confirment donc également que la différence entre actions résultatives et non résultatives continue d'influencer le choix des temps au-delà de 6 ans.

II. LA PRODUCTION DES MARQUES LEXICALES DU TEMPS ET DE L'ASPECT

Le choix des items verbaux destinés à décrire nos cinq catégories d'action s'effectue de manière absolument identique à celui observé dans l'expérience I; pour les situations résultatives notamment, on retrouve l'évolution suivante :
— avant 3;6 ans : verbes à signification globale (type « aller »);
— de 3;6 à 6;0 ans : émergence d'un verbe standard, et apparition d'une classe de verbes peu fréquents décrivant un moment de déroulement de l'action, ou un ordre du procès;
— à partir de 6;0 ans, apparition plus fréquente encore du verbe standard, disparition des classes de verbes indiquant un moment de déroulement ou un ordre du procès, émergence des verbes de vection.

L'analyse des relations entre production du temps et production du verbe révèle également des tendances analogues à celles décelées dans l'expérience I. Avant 6;0 ans, la variation de temps s'effectue sur le verbe standard, les autres verbes ayant apparemment leur temps propre; après 6;0 ans, un seul temps est produit avec tout type d'item; il ne s'agit plus ici du *présent* mais du *passé composé*.

On notera encore que pour les quatre situations dans lesquelles un but à atteindre est annoncé explicitement (sit. 3 à 6), la plupart des enfants décrivent un résultat, qu'il s'agisse d'un succès ou d'un échec.

EXPERIENCE III

Nous avons voulu dans cette expérience instaurer un délai de production de 25 secondes environ (DP25), ce qui a exigé une importante modification de la technique expérimentale.

Il est en effet impossible de demander à l'enfant de surseoir à sa description de l'action pendant 25 secondes sans occuper cet intervalle par une activité quelconque. Nous avons donc adopté la technique suivante (proposée par P. Fraisse) : un premier expérimentateur (E1) après avoir présenté la consigne, effectue une des actions et demande à l'enfant « d'aller chez le monsieur (ou la dame) qui est dans la classe d'à côté ». La distance entre les deux locaux est parcourue en 25 secondes environ. Lorsque le sujet arrive auprès du second expérimentateur (E2), celui-ci lui dit : « Raconte ». Comme dans les autres procédures, l'énoncé de l'enfant est noté et enregistré. L'expérimentateur E2 effectue alors une autre action et demande à l'enfant de retourner chez E1 et ainsi de suite.

62 sujets de 3;0 à 7;11 ans ont été soumis à cette expérience; nous avons éliminé deux protocoles d'enfants de 3 ans qui oubliaient ou confondaient régulièrement les actions réalisées par l'expérimentateur. Les 60 sujets restants ont été répartis en 5 groupes d'âge (N = 12).

Dix situations ont été choisies, six d'entre elles sont résultatives, deux arésultatives et deux non résultatives.

Situations résultatives

1. (R.D1.E0). Le chien renverse la bouteille.
2. (R.D1.E10). Le cheval saute par-dessus la barrière.
3. (R.D1.E100.C). La voiture roule jusqu'au garage.
4. (R.D10.E10.C). La tortue avance jusqu'à la maison.
5. (R.D10.E100.C). Le camion pousse la voiture jusqu'au garage.
6. (R.D10.E100.F). Le fermier saute 10 barrières pour arriver à la ferme.

Situations arésultatives

7. (A.D1/2). Le bébé pousse un cri bref.
8. (A.D8.C). La poupée pousse un long cri continu.

Situations non résultatives

9. (NR.D5.E0). Le singe caresse le chien qui aboie.
10. (NR.D10.EC). Le cygne nage dans le lac.

Ordre de présentation

E1 — Le cheval saute par-dessus la barrière.
E2 — Le singe caresse le chien.
E1 — La poupée émet un long cri.
E2 — Le camion pousse la voiture jusqu'au garage.
E1 — La tortue avance jusqu'à sa maison.
E2 — Le cygne nage dans le lac.

E1 — La voiture roule jusqu'au garage.
E2 — Le chien renverse la bouteille.
E1 — Le bébé pousse un cri bref.
E2 — Le fermier saute 10 barrières pour arriver à la ferme.

Les données recueillies

Suivent deux exemples typiques des productions fournies à chacune des situations.

Yva., 3;3 ans.

(1) Le chien, il a fait tomber la petite bouteille. (2) Le cheval, il a sauté sur la ferme. (3) Madame, elle a pris la voiture, ... elle a roulé jusqu'à la maison des chevaux. (4) Il a fait... Il est venu du chemin. (5) Le camion a poussé la voiture. (6) La poupée, elle a sauté sur les barrières. (7) La dame, elle a pris la poupée, puis elle a fait du bruit. (8) Elle a fait du bruit la poupée. (9) Le singe a caressé le chien. (10) Le canard, il a tourné dans l'eau.

Val., 6;6 ans.

(1) Le chien a renversé la bouteille. (2) C'est un cheval qui saute la barrière. (3) La voiture rentre dans le garage. (4) Y avait une tortue qui venait vers la maison. (5) C'est un camion qui pousse la voiture. (6) Il y avait des barrières, et il y avait un enfant qui sautait les barrières et il y avait une maison au fond. (7) La poupée qui grognait. (8) La poupée grogne. (9) C'est un singe qui caresse un chien. (10) Il y avait un baquet, et il y avait de l'eau dedans et un cygne qui faisait des tours sur le baquet.

L'analyse qui va suivre portera exclusivement sur la production des temps du verbe.

A. ANALYSE GLOBALE DE LA REPARTITION DES TEMPS

Les 600 énoncés que nous avons obtenus contenaient tous au moins un verbe d'action; notre analyse portera donc sur 600 verbes conjugués.

Sur l'ensemble de notre population, 22 enfants (37 %) utilisent un seul et même temps du verbe pour décrire les dix situations présentées; 18 autres sujets (30 %) choisissent 9 fois (sur 10 items) le même temps du verbe.

Tableau 16
La répartition des descriptions systématiques par groupes d'âge.

Groupes d'âge	Nombre de sujets utilisant systématiquement		
	le *passé composé*	l'*imparfait*	le *présent*
I	8	0	0
II	5	0	0
III	10	0	1
IV	3	1	2
V	5	1	4

Ainsi que l'indique le tableau 16, avant 6 ans, le *passé composé* est le seul temps utilisé de manière systématique; chez les sujets plus âgés, l'*imparfait*, et surtout le *présent* apparaissent eux aussi comme temps uniques de description. Le délai de production long provoque donc de 3 à 6 ans un choix prépondérant de *passés composés*. A partir du groupe IV, la chute des *passés composés* et l'apparition du *présent* semblent correspondre à un changement manifeste de l'attitude des sujets. Alors que les jeunes enfants (moins de 6 ans), à peine l'action achevée et l'ordre de départ donné se précipitent dans l'autre local, bon nombre des enfants plus âgés élaborent visiblement leur énoncé au cours ou immédiatement après l'achèvement de l'action; certains d'entre eux effectuent notamment des faux-départs; ils reviennent vers la table d'expérimentation pour vérifier si l'énoncé qu'ils se répètent (parfois à mi-voix) correspond bien aux jouets qui sont sur la table. Alors que les petits construisent visiblement leur énoncé en face de E2, les enfants de plus de 6 ans arrivent avec une phrase « toute faite » qu'ils débitent d'un trait. On pourrait affirmer en fait que tous les enfants de moins de 6 ans, au cours de leur trajet retiennent une action et donc construisent leur énoncé 25 secondes après le déroulement de celle-ci, alors qu'une partie au moins des enfants les plus âgés, retient une phrase qui a été élaborée immédiatement après l'action ou éventuellement au cours de celle-ci.

Les 22 sujets qui n'utilisent qu'un seul temps sembleraient donc exprimer exclusivement par ce moyen une relation temporelle, d'antériorité dans le cas des plus jeunes, de simultanéité ou d'antériorité dans le cas des plus âgés, selon le moment d'élaboration effective de l'énoncé.

Quatre temps différents sont utilisés dans les proportions suivantes; 400 *passés composés* (67 %), 136 *présents* (22 %) et 64 *imparfaits* ou *plus-que-parfaits* (11 %). Outre l'importance des *passés composés* qui était attendue, on notera le pourcentage des *imparfaits* et *plus-que-parfaits* qui est le plus élevé de ceux obtenus sur l'ensemble de nos recherches.

Si l'on classe les actions en fonction de la répartition des temps, on obtient la hiérarchie présentée au tableau 17.

Comme on le constate, le *passé composé* est, pour chaque situation, plus fréquemment choisi que le *présent* ou l'*imparfait*. Les deux actions instantanées (cat. A; sit. 1 et 2) suscitent l'emploi le plus fréquent de *passés composés*, alors que l'action non résultative intrinsèque (cat. E; sit. 10) suscite la production la plus importante de *présents* et d'*imparfaits*. De manière générale, les répartitions de temps obtenues pour la description des trois types de situations (R, A et NR) sont significativement différentes.

Il semble donc qu'une proportion importante de sujets de chaque âge choisit un seul temps pour exprimer une relation temporelle (l'antériorité en l'occurrence). Lorsque des temps différents sont choisis par un même sujet, ils se répartissent apparemment en fonction des caractéristiques aspectuelles

Tableau 17
*Classification provisoire des situations en fonction du pourcentage
de* passés composés *fournis lors de leur description.*

Situations	Temps du verbe choisis		
	Passés composés	*Imparfaits*	*Présents*
1. (R.D1.E0)	83	3	14
2. (R.D1.E10)	80	3	17
9. (NR.D5.E0)	70	7	23
5. (R.D10.E100.C)	68	10	22
3. (R.D1.E100.C)	67	8	25
6. (R.D10.E100.F)	67	12	21
8. (A.D8.C)	67	13	20
4. (R.D10.E10.C)	65	17	18
7. (A.D1/2)	62	8	30
10. (NR.D10.EC)	38	25	37

de l'action, même si, dans cette expérience particulière, cela ne semble vrai que pour les caractéristiques aspectuelles extrêmes.

Il faut noter aussi le statut particulier de l'*imparfait*; si l'on prend en considération, d'une part, l'ensemble des énoncés d'une expérience, on observe que sa fréquence d'apparition croît avec le délai de production; l'*imparfait* n'apparaît que lorsque l'action à décrire est passée (aucun *imparfait* avec DE0) et d'autant plus que cette action est éloignée dans le passé. D'autre part, lorsqu'on observe sa répartition dans diverses situations, on constate toujours une évolution globale parallèle à celle du *présent* et inverse à celle du *passé composé*; l'imparfait est d'autant plus fréquent que l'action est plus durative et moins résultative.

1. *La description des situations résultatives*

Pour les six situations résultatives, on obtient 258 *passés composés* (72 %), 70 *présents* (19 %) et 32 *imparfaits* (9 %). Trois actions sont non duratives (D1) et trois sont duratives (D10); ce facteur-durée influence significativement la répartition des temps, et en particulier la distribution de l'*imparfait* comme l'indique le tableau 18.

L'espace parcouru ne semble pas quant à lui intervenir significativement dans la répartition des temps, pas plus que l'opposition fréquentatif-continu.

Si l'on regroupe nos situations en trois catégories subjectives A, B et C, c'est-à-dire en fonction de l'importance de l'intervalle spatio-temporel de réalisation, on observe des différences très significatives dans la répartition des temps. Quel que soit le délai de production, ce paramètre influence donc toujours le choix des temps dans la description des situations résultatives.

Tableau 18
Répartition des verbes en fonction du paramètre de durée dans la description des actions résultatives.

Types d'action	Temps du verbe choisi			
	P-C	Pr.	I	Total
Non duratif	138	33	9	180
Duratif	120	37	23	180
Total	258	70	32	360

2. *La description des situations arésultatives*

Pour nos deux situations arésultatives, le *présent* apparaît dans 30 énoncés (25 %), le *passé composé* dans 77 énoncés (64 %) et l'*imparfait* dans 13 énoncés (11 %). L'analyse statistique indique que le choix des temps doit être considéré comme équivalent dans les deux situations.

3. *La description des situations non résultatives*

Plus de 50 % des sujets décrivent les deux actions non résultatives en utilisant le *passé composé*; 30 % choisissent le *présent* et 16 % l'*imparfait*. La situation 10 (cat. E) donne cependant lieu à un emploi du *présent* et de l'*imparfait* plus fréquent que la situation 9 (cat. D). Cette différence est statistiquement significative.

B. ANALYSE GENETIQUE DE LA REPARTITION DES TEMPS

A aucun de nos groupes d'âge on observe une répartition de temps significativement différente entre actions résultatives, arésultatives et non résultatives. Ce résultat s'explique par la similitude de distribution des temps observée dans la description des actions de catégorie B, C et D; seules les situations de catégorie A et E suscitent un emploi de temps nettement différencié. L'analyse génétique révèle à ce sujet que cette différence est très significative aux groupes I et II, qu'elle est négligeable au groupe III et à nouveau significative aux groupes IV et V.

1. *La description des situations résultatives*

La figure 8 nous montre l'évolution de la répartition des temps pour l'ensemble des situations résultatives. On observe en fait deux périodes; l'une allant du groupe I au groupe III et caractérisée par une relative stabilité de choix (*passé composé* utilisé dans 80 % des descriptions). Du groupe III

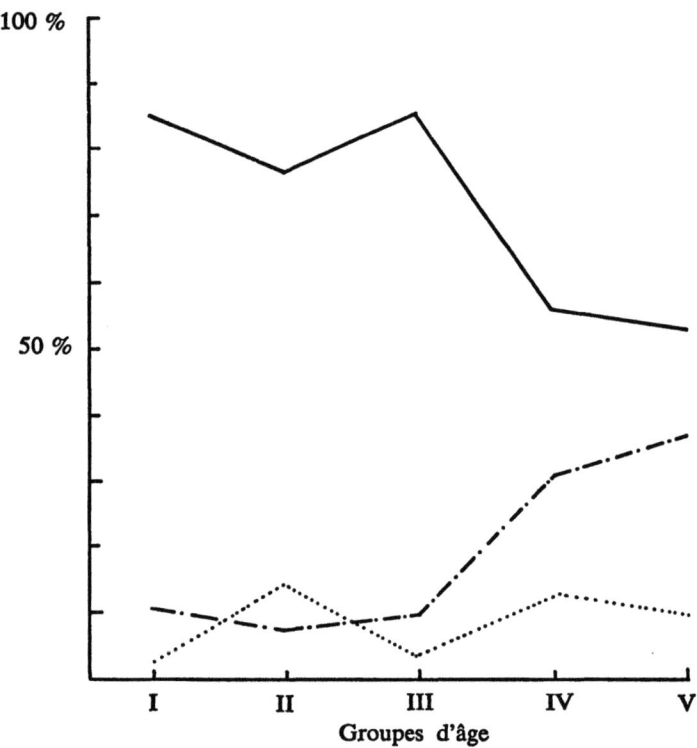

Fig. 8.
Evolution de la fréquence d'utilisation des temps du verbe pour l'ensemble des situations résultatives :
(———) : *passé composé*, (-.-..-) : *présent*, (.....) : *imparfait*.

au groupe V, on assiste à une décroissance de l'emploi du *passé composé* parallèlement à une augmentation de la fréquence du *présent*, ce qui confirme la tendance notée plus haut dans l'analyse des descriptions systématiques.

Si l'on dissocie les courbes d'évolution pour les situations duratives d'une part et non duratives de l'autre (cf. fig. 9), on observe deux différences; au groupe II, la fréquence de l'*imparfait* croît dans les énoncés décrivant les actions duratives (avec diminution parallèle du *passé composé*), alors que ce phénomène n'apparaît pas pour les situations non duratives. A partir du groupe IV, la décroissance du *passé composé* est plus forte pour les actions duratives que non duratives. Notre analyse statistique révèle que seule la première de ces différences est significative; les enfants de 4 à 5 ans choisissent donc leur temps du verbe en fonction du paramètre de durée; il faut noter cependant que dans les autres expériences (DE2, DE7), l'opposition duratif/non duratif au niveau de l'action se traduisait au niveau des énoncés par une opposition *passé composé/présent*; avec le délai 25, l'*imparfait* semble avoir pris la place du *présent*.

Pour aucun de nos groupes d'âge, les autres paramètres (espace parcouru, fréquence) n'influencent significativement le choix des temps.

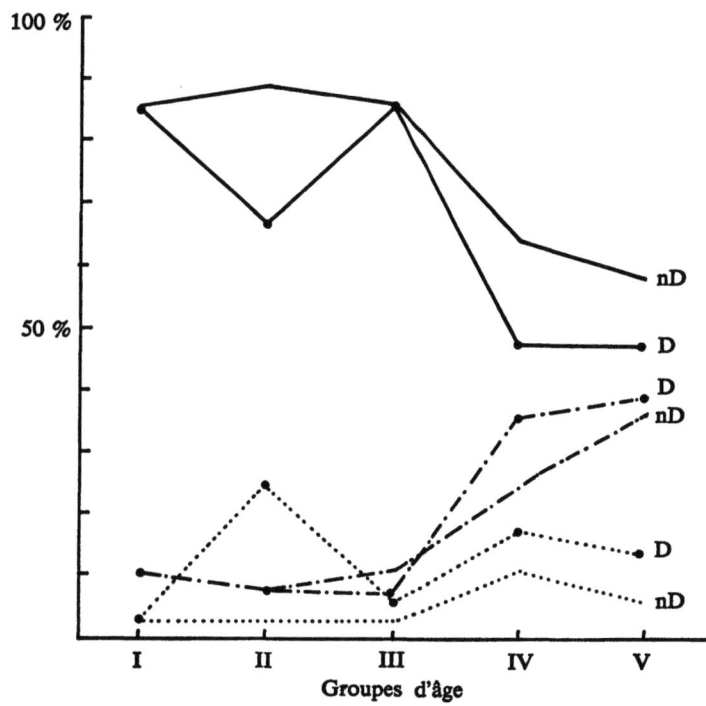

Fig. 9.
Evolution de la fréquence d'utilisation des temps du verbe pour l'ensemble des situations résultatives duratives et non-duratives :
(———) : *passé composé*, (-.-.-) : *présent*, (.....) : *imparfait*.

2. *La description des situations arésultatives*

L'évolution de la répartition des temps pour les situations arésultatives est presque identique à celle des résultatives duratives. Aucune différence n'est à signaler à aucun groupe d'âge dans l'emploi des temps pour ces deux actions.

3. *La description des situations non résultatives*

Bien que l'analyse génétique révèle des différences très importantes entre les deux situations non résultatives, on note cependant des tendances communes; ainsi, la proportion des trois temps reste stable pour les deux premiers groupes, puis la fréquence d'emploi du *passé composé* s'accroît notablement au groupe III pour chuter spectaculairement (moins 33 et 48 %) à partir du groupe IV, en raison de l'accroissement de l'utilisation du *présent*.

La situation non résultative intrinsèque (cat. E) se distingue de l'accidentelle (cat. D) en ce que, à tout âge, elle suscite l'apparition d'un pourcentage nettement inférieur de *passés composés* (de 25 à 42 % de différence). Dans les trois premiers groupes, c'est l'emploi de l'*imparfait* qui comble la différence, alors qu'à partir de 6 ans, c'est surtout la haute fréquence du *présent*.

L'analyse statistique nous révèle qu'à aucun de nos groupes d'âge, la différence entre action de catégorie E et de catégorie D n'est significative.

C. DISCUSSION

L'introduction d'un délai de production long a provoqué l'apparition massive des trois temps « passés »; *passé composé*, *imparfait* et *plus-que-parfait*. Le présent est rare chez les sujets de moins de 6 ans; il est beaucoup plus fréquent chez les enfants plus âgés.

De 3 à 5 ans, il semble que les enfants qui ne fournissent pas de description « systématique » se servent de l'opposition *passé composé/ imparfait* pour différencier les deux catégories subjectives extrêmes, A et E, c'est-à-dire pour opposer les actions résultatives instantanées et les non résultatives intrinsèques.

Le groupe des sujets de 5 à 6 ans se caractérise par un choix massif du *passé composé*; un seul parmi les dix sujets choisit un autre temps pour décrire certaines situations. Il semble bien que l'on puisse qualifier cet emploi de temporel.

A partir de 6 ans, l'utilisation temporelle des temps se confirme. La majorité des sujets (16/24) choisit un seul temps pour décrire 9 ou 10 situations; le *passé composé* est le plus souvent utilisé à cet effet, mais on note aussi un emploi systématique de l'*imparfait* et surtout du *présent*. Nous avons expliqué cette apparition du *présent* par la tendance des sujets plus âgés à construire leur énoncé pendant le déroulement de l'action et à se le répéter jusqu'au moment de l'énonciation. Chez les enfants qui utilisent deux ou plusieurs temps différents, la répartition de ceux-ci dans les deux catégories subjectives extrêmes (A et E) reste significativement différente. Ainsi donc, le délai de production élevé n'entrave pas complètement l'expression des nuances aspectuelles extrêmes.

EXPERIENCE IV

La procédure choisie pour cette expérience consistait à laisser le sujet choisir le moment de production. La durée réelle du délai est donc variable; elle dépend d'une part de la durée objective de l'action à décrire et d'autre part de la latence de la réponse du sujet.

De 3 à 6 ans, le temps de réaction des sujets est relativement bref; la plupart décrivent l'action dès les premiers gestes de l'expérimentateur. Lorsque l'action est durative (D3 ou plus), la description s'effectue donc pendant le déroulement de l'action. L'enfant choisit alors systématiquement le *présent*. Lorsque l'action est non durative, le sujet a alors la possibilité d'appréhender le résultat; dans ces cas, il choisit le *passé composé*.

Les sujets de plus de 6 ans sont généralement plus lents à émettre leur énoncé; celui-ci apparaît donc après l'action, le délai effectif étant voisin de deux secondes. Le choix des temps correspond assez strictement à celui observé dans l'expérience I (DP 2).

CHAPITRE VI

LA PRODUCTION DES MARQUES ASPECTUELLES ET TEMPORELLES CHEZ LES ADULTES ET LES ADOLESCENTS

Ce dernier groupe d'expérience a été réalisé avec deux objectifs; d'une part analyser l'évolution ultérieure des tendances observées de 3 à 8 ans, d'autre part, recueillir des données expérimentales susceptibles d'éclairer le fonctionnement des marques de détermination du verbe chez des sujets qui maîtrisent leur langue maternelle.

Les expériences I à IV ont démontré qu'à partir de 6 ans, la fonction temporelle est exprimée par les flexions verbales. Ces mêmes marques de surface continuent cependant d'assumer, dans certains contextes, une fonction aspectuelle, et les marques lexicales de l'aspect restent variées et fréquentes. Au cours des étapes ultérieures de l'acquisition du langage, les marques aspectuelles disparaissent-elles, où continuent-elles de fonctionner discrètement ? La fonction temporelle continue-t-elle à se renforcer jusqu'à éliminer toute autre signification, ou au contraire se stabilise-t-elle dès 8 ans ?

Ces premières questions nous conduisent naturellement à poser le problème plus général du fonctionnement des déterminants du verbe chez l'adulte. Rares sont en effet les linguistes qui ont présenté une analyse complète de ce problème. Nous avons pensé que des données de psychologie expérimentale pourraient aider à l'analyse de ce fonctionnement complexe.

PROCEDURE EXPERIMENTALE

La procédure adoptée avec les jeunes enfants ne pouvait être reproduite avec les sujets plus âgés; nous avons par conséquent présenté les items expérimentaux à des groupes de sujets, en attirant leur attention sur de « faux » problèmes et en leur demandant de décrire les actions par écrit. La consigne était donc « écrivez », au lieu de « raconte ».

Nous avons présenté aux sujets 13 situations résultatives et 9 situations non résultatives. Pour les premières, nous avons fait varier les paramètres suivants; la durée (D1, D3, D10), l'espace parcouru (E0, E10 et E100), le caractère fréquentatif ou continu (F ou C), enfin, le caractère de transitivité (T ou nT). Pour les actions résultatives, nous avons pris en considération la transitivité de l'action (T ou nT), la durée (D1, D5, D10, D15, D20), le caractère spatialisé ou non de l'action (E0 ou EC, toutes les actions spatialisées étant circulaires concentriques).

Les 22 actions choisies étaient les suivantes :
1. (R.D1.E0.T). Le chien renverse la bouteille.
2. (R.D.1.E10.n.T.C). Le mouton court jusqu'à l'étable.
3. (R.D1.E10.nT.F10). L'oiseau sautille jusqu'au nid.
4. (R.D1.E100.nT.C). La voiture roule vite jusqu'au garage.
5. (R.D1.E100.nT.F10). Le fermier saute 10 fois en allant à la ferme.
6. (R.D1.E100.T.C.). Le garçon lance la balle dans le garage.
7. (R.D3/5.E100.nT.C). Le cavalier court jusqu'à la maison.
8. (R.D3/5.E100.T.C.). Le singe porte la balle jusqu'à la maison.
9. (R.D10.E10.nT.C.). La tortue avance jusqu'à la salade.
10. (R.D10.E10.T.C.). La dame tire la poussette très lentement.
11. (R.D10.E100.nT.C). Le camion roule lentement jusqu'au garage.
12. (R.D10.E100.nT.F10). Le cheval saute 10 fois pour rentrer à l'étable.
13. (R.D10.E100.T.C). La petite fille tire un poisson.
14. (NR.D1.E0.nT). Le garçon saute une fois sur place.
15. (NR.D10.E0.nT). Le garçon saute 10 fois sur place.
16. (NR.D5.EC.nT). La voiture tourne trois fois autour des maisons.
17. (NR.D15.EC.nT). Le cheval tourne trois fois autour de la prairie.
18. (NR.D10.EC.nT). La toupie tourne.
19. (NR.D10.EC.nT). Le cygne tourne dans le lac.
20. (NR.D5.E0.T). Le singe caresse le chien.
21. (NR.D10.E0.T). La maman lave le bébé.
22. (NR.D20.E0.T). La fille tape 20 fois sur un bouchon.

EXPÉRIENCE V

Les marques du temps et de l'aspect chez les adolescents

Nous avons, dans cette expérience, demandé à 30 sujets de 11;1 à 13;0 ans de décrire les différentes situations présentées. Les données de base sont donc constituées par vingt-deux énoncés rédigés par les sujets eux-mêmes. En voici quelques exemples :

Chr., 11;8 ans.

(1) Le chien fait renverser la bouteille de lait. (2) Le mouton avance vers la bergerie. (3) L'oiseau va vers la maison en sautillant. (4) La voiture roule et fait un petit contour pour arriver à la maison. (5) La poupée court jusqu'à la maison. (6) Le camion rentre dans le ballon et l'envoie dans la boîte. (7) Le cheval court et s'arrête.

(8) Le singe s'avance en tenant dans ses bras la bouteille de lait, vers la maison. (9) La tortue avance doucement et s'arrête devant la maison. (10) Kiki, la poupée, marche en tirant une poussette. (11) Le camion avance lentement jusqu'à la... (12) Le cheval fait des grands bonds pour arriver à la maison. (13) La fillette marche lentement, elle tire un poisson avec une corde. (14) L'enfant saute une seule fois. (15) Le singe saute en restant sur place. (16) La voiture tourne autour des deux maisons. (17) Le cheval court autour de la ferme des animaux. (18) La toupie tourne et s'arrête. (19) Un cygne nage sur l'eau en tournant. (20) Le chien caresse le singe avec sa main. (21) La maman essuie l'enfant très doucement. (22) La petite fille appuie avec sa main sur un bouchon pour essayer de le casser.

Mar., 11;9 ans.

(1) Le chien a renversé le lait. (2) Le mouton marche puis s'arrête devant l'étable. (3) Le poussin a sautillé. (4) La voiture a roulé puis s'est arrêtée au garage. (5) Le garçon court en sautant et puis s'arrête devant sa maison. (6) Le camion a poussé la balle qui est entrée dans la boîte. (7) Le cavalier a galopé dans le sens de la maison. (8) Le singe marche avec une balle et puis s'arrête devant la maison. (9) La tortue a rampé vers la maison. (10) La fille marche toute seule en tirant une poussette. (11) Le camion a roulé puis est rentré dans le garage. (12) Le cheval saute. (13) La fille tire un poisson au bout d'une corde. (14) Le garçon saute. (15) Le poussin saute sur place. (16) La voiture tourne autour en cercle. (17) Le cheval tourne autour de l'enclos. (18) La toupie a tourné et puis s'est arrêtée. (19) Le cygne tourne en rond dans son assiette. (20) Le singe caresse le chien. (21) La maman essuie son enfant. (22) La fille tape sur un bouchon.

I. LA PRODUCTION DES TEMPS DU VERBE

Pour l'ensemble de nos situations, nous avons obtenu 660 énoncés; nous en avons exclu 11, de telle sorte que notre analyse portera sur 649 énoncés contenant un ou plusieurs verbes dynamiques. 15 sujets (50 %) fournissent une description systématique au *présent*; on n'observe pas d'utilisation constante d'un autre temps du verbe. Par rapport aux enfants de 6 à 8 ans, ce résultat marque une double évolution; d'une part, la proportion des descriptions systématiques au *présent* s'accroît; elle passe de 28 à 50 %, d'autre part, les descriptions systématiques au *passé composé* (5 % de 6 à 8 ans) sont totalement absentes chez les sujets de 12 ans. Il se confirme donc qu'au-delà de 6 ans, lorsque le délai de production est de deux secondes, le *présent* tend à être employé de manière systématique dans des descriptions du type de celles exigées dans nos expériences. La moitié des sujets continue néanmoins d'utiliser deux ou plusieurs temps différents avec cependant une préférence nette pour le *présent* ainsi qu'en témoigne l'analyse qui suit.

Pour l'ensemble de nos sujets, les temps des verbes utilisés se répartissent comme suit : 514,5 *présents* (79,28 %), 130,5 *passés composés* (20,11 %) et 4 *imparfaits* (0,61 %). Sans tenir compte des descriptions systématiques, la répartition des temps se présente comme suit : 189,5 *présents* (58 %), 130,5 *passés composés* (40 %) et 4 *imparfaits* (2 %).

En classant nos situations en fonction du pourcentage de *passés composés* produits, on obtient la hiérarchie présentée au tableau 19.

Tableau 19
Classification des situations en fonction du pourcentage de passés composés *fournis lors de leur description.*

Situations	Temps du verbe choisis		
	Passés composés	*Imparfaits*	*Présents*
1. (R.D1.E0.T)	47	0	53
6. (R.D1.E100.T.C)	43	0	57
4. (R.D1.E100.nT.C)	37	3	60
16. (NR.D5.EC.nT)	33	0	67
14. (NR.D1.E0.nT)	33	0	67
3. (R.D1.E10.nT.F10)	32	0	68
17. (NR.D15.EC.nT)	27	0	73
18. (NR.D10.EC.nT)	24	3	73
11. (NR.D10.E100.nT.C)	22	0	78
7. (R.D5.E100.nT.C)	22	0	78
9. (R.D10.E10.nT.C)	21	0	79
13. (R.D10.E100.T.C)	17	0	83
2. (R.D1.E10.nT.C)	14	0	86
15. (NR.D10.E0.nT)	13	0	87
12. (R.D10.E100.nT.F10)	13	3	84
22. (NR.D20.E0.T)	10	0	90
8. (R.D5.E100.T.C)	7	0	93
5. (R.D1.E100.nT.F10)	7	0	93
21. (NR.D10.E0.T)	7	0	93
19. (NR.D10.EC.nT)	7	3	90
10. (R.D10.E10.T.C)	3	0	97
20. (NR.D5.E0.T)	3	0	97

Cette hiérarchie de situations semble nous fournir deux indications majeures; tout d'abord, la distinction entre situations résultatives et non résultatives semble peu importante pour les adolescents alors qu'elle était déterminante chez les enfants de 3 à 8 ans; les chevauchements entre situations R et NR sont en effet très nombreux. Il semble possible d'autre part de distinguer deux classes de situations; les situations non duratives (D1), et les situations duratives (D5 et D10), qu'il y ait ou non un résultat à l'action. En effet, cinq des six actions qui suscitent plus de 30 % de *passés composés* (c'est-à-dire plus de 60 % chez les sujets non systématiques) sont non duratives, et deux seulement parmi les actions non duratives suscitent plus de 70 % de *présents*.

L'analyse statistique confirme que la répartition des temps est indépendante du caractère résultatif ou non résultatif de l'action à décrire, ce qui différencie radicalement ces sujets de leurs cadets. Par contre, le choix du temps dépend significativement de la durée de l'action réalisée; il s'avère cependant que la distinction pertinente est bien celle opposant les actions non duratives aux autres, que celles-ci soient de type D5, D10, D15 ou D20.

A. *La description des situations résultatives*

Pour l'ensemble des situations de ce type, nous avons obtenu 294,5 verbes conjugés au *présent* (77,5 %), 83,5 conjugés au *passé composé* (21,97 %) et 2 à l'*imparfait* (0,53 %). Comme nous venons de le voir, le *passé composé* n'apparaît chez plus d'un quart des sujets que dans les énoncés décrivant des situations non duratives. Le facteur durée est donc pris significativement en considération.

La répartition des temps du verbe dépend également de la catégorie subjective à laquelle appartient l'action décrite; elle est par contre indépendante du caractère transitif ou non de l'action, comme de son aspect fréquentatif ou continu. Cette dépendance par rapport aux catégories subjectives est cependant moins importante que celle qui existe par rapport à la durée objective des actions. Les catégories étant elles-mêmes partiellement construites sur des critères de durée, on peut considérer que c'est ce paramètre objectif qui préside seul au choix des temps du verbe dans les actions résultatives.

B. *La description des situations non résultatives*

Pour l'ensemble des situations de ce type, nous avons obtenu 220 verbes conjugés au *présent* (81,5 %), 47 conjugés au *passé composé* (17,4 %), et 2 à l'*imparfait* (0,74 %).

L'action non durative (14) se différencie clairement de l'ensemble des autres (qui sont toutes duratives), mais il n'y a pas de variation systématique de la répartition des temps en fonction du paramètre de durée; qu'elles durent 5 ou 20 secondes, les actions duratives suscitent en moyenne 85 % de *présents*. L'analyse statistique nous montre d'autre part que si le facteur-parcours n'est pas pris en considération, par contre, le caractère transitif de l'action influence très significativement le choix des temps, le *passé composé* étant utilisé presque exclusivement dans la description des actions intransitives. Ce résultat appelle un commentaire; pour nos 5 situations non résultatives transitives, l'action peut être définie ou étiquetée dès le début de son déroulement; dès que l'action débute, le sujet « comprend » que le singe caresse le chien, que la maman lave ou que la fille tape le bouchon; la longueur du déroulement n'ajoutant rien à la définition même de l'action. Les actions non résultatives intransitives ne sont par contre pas définissables dès le départ; la voiture qui tourne pourrait s'arrêter au garage, le cheval pourrait aller à la ferme en contournant la prairie, etc. Le sujet doit donc attendre la fin des actions intransitives pour pouvoir les décrire alors que dès le début des actions transitives, il peut fournir une description tout à fait correcte; dans le premier cas, la fréquence des *passés composés* est relativement importante (23 %) alors que dans le second ce temps est rare (6 %).

C. *Discussion*

Par rapport aux enfants de 6 à 8 ans (et a fortiori par rapport aux enfants de moins de 6 ans), ce groupe de sujets se caractérise par un choix plus net du *présent* comme temps de description; alors que pour les groupes IV et V de l'expérience I, on obtient 60 % de *présents*, on en obtient ici 80 %. L'analyse des descriptions systématiques confirme cette tendance; la moitié des sujets de 12 ans se servent du seul temps *présent*, alors que moins d'un tiers de leurs cadets utilisaient un temps systématique, celui-ci n'étant d'ailleurs pas toujours le *présent*.

Le *passé composé* apparaît quant à lui dans une partie importante (40 %) des descriptions de la moitié des sujets, alors que la fréquence de production de l'*imparfait* est négligeable.

La production du *passé composé* est-elle le fruit du hasard, où s'inscrit-elle dans le cadre d'une fonction précise ? Les expériences I à IV ont démontré que les temps du verbe assument une fonction essentiellement aspectuelle avant 6 ans, essentiellement temporelle après 6 ans, tout en conservant un rôle d'indicateur des nuances aspectuelles extrêmes. L'utilisation par une moitié de nos sujets de deux temps du verbe distincts constitue-t-elle le prolongement de cet emploi aspectuel, où bien manifeste-t-elle l'émergence d'une autre organisation fonctionnelle des flexions verbales ?

Il nous semble que nos résultats soient plus compatibles avec la seconde hypothèse qu'avec la première.

En effet, la distinction aspectuelle fondamentale entre actions résultatives et non résultatives ne semble pas prise en considération par les adolescents, alors qu'un paramètre comme la durée, qui était non pertinent pour le choix des temps entre 6 et 8 ans dans toutes nos expériences, semble l'être redevenu. D'autre part, le caractère transitif ou intransitif des actions non résultatives, qui n'avait jamais suscité un emploi de temps différents chez les enfants de 3 à 8 ans est ici pris très significativement en considération. En fait, il semble que les 15 sujets non systématiques fassent une distinction entre ces trois catégories d'actions constituées sur la base de critères différents de ceux choisis par leurs cadets.

La première de ces catégories rassemblerait les situations 1, 6 et 14, c'est-à-dire trois actions instantanées s'effectuant sur place (sans aucun déroulement dans l'espace) [1]. Plus de 80 % des sujets non systématiques conjuguent les verbes décrivant l'une de ces trois actions au *passé composé*.

---

[1] L'analyse des verbes utilisés nous révèle en effet que pour la sit. 6, c'est toujours le shoot de départ qui est décrit et non le parcours de la balle.

La seconde catégorie est composée de toutes les actions intransitives continues qu'elles soient résultatives ou non résultatives, c'est-à-dire en l'occurrence rectilignes ou circulaires concentriques. Ce type d'action suscite approximativement 50 % d'énoncés contenant un verbe au *passé composé* et 50 % contenant un verbe au *présent*.

La troisième catégorie rassemble toutes les actions transitives et fréquentatives, qu'elles soient résultatives ou non résultatives, ainsi que la situation 19. Pour ces situations, on n'observe pas plus de 20 % de verbes conjugués au *passé composé*[2].

Contrairement à ce que l'on observait chez les enfants de 3 à 8 ans (et surtout avant 6 ans), il semble bien que la fréquence relative d'apparition du *passé composé* et du *présent* ne varie pas avec la probabilité de prise en considération du déroulement ou du résultat; dans chacune de nos trois catégories, on trouve en effet des actions avec un résultat très clair et des actions ne donnant lieu à aucun résultat.

En fait, les actions de la première catégorie sont essentiellement brèves et immédiatement définissables; elles peuvent être décrites d'emblée comme « renverser », « shooter » ou « sauter », mais contrairement aux actions de la troisième catégorie, en raison de leur brièveté, la description « mentale » que peut en faire le sujet, est simultanée ou postérieure à la fin de l'action.

Dans la seconde catégorie, nous retrouvons toutes les actions intransitives continues; parmi celles-ci, les actions les plus rapides (4 et 16 notamment) suscitent un pourcentage de *passés composés* légèrement supérieur à celui des actions lentes.

Ces actions se différencient des précédentes par le fait que pour les décrire de manière explicite, le sujet devrait normalement attendre la fin de l'action; alors que pour les actions de première catégorie, il pouvait immédiatement se représenter l'action (« le garçon shoote » par exemple), pour les situations intransitives continues il ne peut construire son énoncé (« la tortue va jusqu'à la niche » ou « la voiture tourne autour de la maison ») avant d'avoir vu l'arrivée de la tortue à la niche ou l'absence d'un point d'arrivée marqué pour la voiture. Il est toutefois possible que certains sujets anticipent le résultat de l'action, et la décrivent mentalement avant son achèvement.

Les situations de la troisième catégorie présentent deux caractéristiques essentielles; d'une part, leur caractère transitif ou fréquentatif permet au sujet de les décrire d'emblée de manière explicite; « la dame tire une poussette » ou « le cheval saute les barrières » ou « le singe caresse le chien », d'autre part, ces actions ont une durée minimale de 5 secondes;

---

[2] Il faut noter qu'à elle seule, la sit. 3 (l'oiseau sautille jusqu'au nid) suscite le tiers des *passés composés* produits pour la totalité des situations (11); en raison de la rapidité du déroulement et du peu de distance parcourue, les sauts y sont en effet les moins perceptibles.

les enfants ont donc la possibilité de construire leur énoncé pendant le déroulement de l'action.

L'hypothèse explicative que nous serions tenté d'émettre quant à la fonction attribuée aux temps des verbes par les enfants non systématiques de 12 ans reposerait en définitive sur les trois points suivants.

1. Comme nous l'avions noté au chapitre IV, les enfants mentionnent beaucoup plus fréquemment le résultat ou le but de l'action dans leurs descriptions des situations intransitives continues que dans celles des fréquentatives ou des transitives. Cette différence reste valable pour les énoncés fournis par les adolescents. Il semble en fait que la plupart des sujets fournissent une sorte d'« énoncé minimal » qui comporte trois éléments que nous pourrions appeler point de départ, relateur et point d'arrivée, pour reprendre la terminologie de la théorie de la lexis d'A. Culioli.

Dans tous les énoncés fournis, l'agent constitue le point de départ et le verbe assume la fonction de relateur; le point d'arrivée quant à lui est tout naturellement constitué par l'objet direct dans les énoncés décrivant les actions transitives et fréquentatives (« elle tire le *poisson* » ou « le cheval saute *les barrières* »). Pour ces situations, la production d'un « énoncé explicite minimal » n'implique donc pas une mention du but ou du résultat. Les actions intransitives continues au contraire ne peuvent être décrites par un énoncé à trois éléments que si le but ou le résultat de l'action est mentionné comme point d'arrivée (« la tortue va jusqu'à la niche »). Il ne serait donc pas impossible que les sujets attendent la fin de l'action intransitive continue pour construire leur énoncé alors que pour les actions transitives et fréquentatives, l'appréhension d'une seule fraction de l'action leur permet d'élaborer une phrase.

2. Comme nous l'avions mentionné au cours des discussions des expériences III et IV, les enfants de plus de 7 ans sont capables de construire mentalement leur énoncé avant de le produire. Au cours de l'expérimentation avec les adolescents, ce phénomène est apparu avec plus d'évidence encore.

Il n'est donc pas impossible que les sujets non systématiques de 12 ans attendent la fin des actions intransitives continues pour construire leur énoncé alors que pour les actions transitives ou fréquentatives, ils le font pendant le déroulement de l'action. Ces considérations nous amènent à notre troisième point, c'est-à-dire l'hypothèse d'une utilisation temporelle de la conjugaison chez les sujets non systématiques.

3. Pour les actions de la première catégorie, la rapidité de l'action, jointe à l'augmentation de la latence de réponse pourrait amener les sujets à considérer l'action comme antérieure au moment de l'énonciation, et donc à utiliser un temps du passé.

Pour les actions intransitives continues, la nécessité d'attendre la fin de l'action pour pouvoir terminer l'énoncé ferait en sorte que celui-ci serait parfois émis après un intervalle de temps suffisant pour que l'action à décrire soit considérée comme passée. Dans ces cas (moins nombreux que pour la première catégorie), le *passé composé* serait choisi par l'enfant.

En ce qui concerne les actions à la fois duratives et transitives ou fréquentatives, l'énoncé pourrait toujours être construit pendant le déroulement de l'action ce qui explique la grande fréquence du *présent* et la rareté des *passés composés*.

Comme nous l'avons noté, notre interprétation de la fonction des temps du verbe chez les sujets non systématiques ne constitue qu'une hypothèse; certaines données sur lesquelles elle s'appuie soit n'ont pas été vérifiées systématiquement (les latences de réponses par exemple), soit sont invérifiables (construction non vocalisée de l'énoncé). Dans le cadre du présent travail, le comportement verbal des adolescents ne nous a intéressé qu'à titre d'élément de comparaison et de contrôle de celui des enfants de 3 à 8 ans. Dans cette optique, même si nous n'avons pu formuler que des hypothèses sur l'organisation du système des flexions verbales chez les sujets non systématiques, il nous suffit de constater que d'une part, pour l'ensemble du groupe la tendance à l'utilisation d'un seul temps se développe, et que d'autre part, lorsque plusieurs temps sont utilisés par un même sujet, le choix de l'un d'entre eux semble indépendant des caractéristiques fondamentales de l'action (opposition résultatif/non résultatif), et doit s'interpréter en fonction de la distance temporelle entre l'action et l'énonciation.

II. LA PRODUCTION DES MARQUES LEXICALES DU TEMPS ET DE L'ASPECT

1. *Le choix des verbes*

Les adolescents utilisent relativement peu de lexèmes verbaux différents quel que soit le type d'action à décrire; le maximum est atteint avec 10 verbes différents à la situation 2.

Trois types de distributions présentent de l'intérêt.

a) Situations intransitives continues

Trois catégories de verbes peuvent être distinguées; la première est constituée de lexèmes exprimant la modalité du déplacement, ou le déplacement lui-même dans son aspect le plus général (dans cette catégorie sont inclus les verbes globaux et standards des analyses précédentes). La seconde est constituée de verbes indiquant le dépassement de frontières, et la dernière de lexèmes spécifiant au contraire un moment précis du déroulement.
Exemple : sit. 4

— Déroulement ou mode de déplacement : aller (4), *rouler* (9), avancer (1) et foncer (1).

— Dépassement de frontières : *rentrer* (6) et se diriger (4).

— Moment du déroulement : démarrer (1), s'élancer (1) et se garer (1).

Pour toutes les catégories intransitives continues, les verbes de la première catégorie sont les plus fréquents; ceux qui indiquent le dépassement de frontières sont d'autant plus nombreux que l'espace parcouru est long; enfin, les lexèmes spécifiant un moment précis du déroulement sont rares, voire absents.

b) Situations intransitives fréquentatives

Les verbes utilisés dans la description de ces situations peuvent également se répartir en trois catégories; la première regroupe les verbes indiquant (a) le déplacement ou (b) le mode de déplacement; la seconde est constituée de verbes indiquant le dépassement de frontières, et la dernière de verbes munis d'un affixe spécifiant le caractère fréquentatif de l'action.

Exemple : sit. 2

— (a) Déroulement : aller (2,5), marcher (2), courir (1).
  (b) Mode de déplacement : sauter (2), voler (1), faire des bonds (3).
— Dépassement de frontières : rentrer (2), se diriger (1) et revenir (1).
— Fréquence : *sautiller* (12,5).

Comme on le constate, le verbe spécifique est nettement le plus fréquent; ceux indiquant le dépassement de frontières sont au contraire nettement moins nombreux que pour les actions continues.

c) Situations transitives

Nous avons, dans ces situations, distingué verbes intransitifs et verbes transitifs.

Exemple : Sit. 13

— Transitifs : *tirer* (18,5), traîner (2,5).
— Intransitifs : se promener (2,5), marcher (4,5) et avancer (1).

Pour toutes les actions transitives, la proportion de verbes transitifs est d'environ 70 %.

Les tendances observées dans les énoncés fournis par les plus âgés des enfants se confirment donc chez les adolescents; les verbes indiquant le dépassement de frontières apparaissent fréquemment, surtout pour les actions continues. Pour les situations fréquentatives, les verbes spécifiques sont les plus utilisés de même que les verbes transitifs pour les situations transitives.

Il faut noter que la prise en considération de l'action en tant que succession de moments (dépassement de frontières) diminue régulièrement des actions intransitives continues aux transitives.

2. *Adverbes et syntagmes prépositionnels*

Les adverbes n'apparaissent avec une certaine régularité que dans la description des actions continues.

Exemple : Sit. 4

— A toute vitesse (5), vite (5), à vive allure (2), à toute bombe (2).

Les syntagmes prépositionnels apparaissent aux mêmes situations et dans les mêmes proportions que chez les enfants de 3 à 8 ans.

EXPERIENCE VI

Les marques du temps et de l'aspect chez les adultes

Cette expérience a été réalisée avec la collaboration de trente-huit étudiants de première année de la Faculté de Psychologie et des Sciences de l'Education de l'Université de Genève. Les données de base ont été recueillies de la même manière que pour les adolescents. Pour ne pas trop abuser de la patience de nos sujets, nous n'avons cependant présenté que quinze situations.

Quelques exemples de protocoles :

Cam., 20;0 ans.

(1) Le chien renverse la bouteille. (3) L'oiseau saute près des maisons. (4) La voiture court jusqu'au garage. (6) Le camion pousse la balle vers le garage. (9) La tortue avance tout doucement vers la salade. (10) La fillette tire le petit carosse. (11) Le camion roule vers le garage. (12) Le cheval avance en sautant vers la ferme. (13) La fillette traîne un poisson vers la maison. (14) Le garçon est debout. (15) Le singe saute sur place. (17) Le cheval tourne autour des autres animaux. (18) La toupie est en exercice. (19) Le canard flotte dans la mare. (20) Le singe caresse le chien.

Mar., 22;5 ans.

(1) Le chien renverse la bouteille. (3) L'oiseau sautille d'une maison verte à une maison orange. (4) La voiture rentre à toute vitesse dans le garage. (6) Le camion shoote la balle dans le garage. (9) La tortue s'arrête devant la maison. (10) La fille tire la poussette. (11) Le camion rentre doucement dans le garage. (12) Le cheval « surnaturel » (puisqu'il saute) va à la ferme. (13) La fille tire un petit poisson rouge. (14) Le garçon saute. (15) Le singe saute sur place. (17) Le cheval galope autour de la prairie, trois fois. (18) On actionne une toupie, puis on l'arrête. (19) Le cygne fait le tour de la mare. (20) Le singe caresse le chien.

Bar., 25 ans.

(1) Un chien renverse une bouteille de lait. (3) Un poussin marche derrière deux maisons. (4) Une voiture rentre dans le garage. (6) Un camion pousse une balle dans un garage. (9) Une tortue avance extrêmement lentement vers un maison et s'arrête devant. (10) Une petite poupée avance et un charriot est accroché à ses pantalons derrière. (11) Un camion avance et entre lentement dans le garage. (12) Un cheval marche vers la ferme et s'arrête devant elle. (13) Une petite fille tire un poisson derrière elle en marchant vers la maison et elle s'arrête vers la maison. (14) Un petit garçon saute. (15) Un singe saute. (17) Un cheval galope deux fois autour d'un enclos. (18) Mettre une toupie en marche. (19) Un cygne fait des cercles dans l'eau. (20) Un singe caresse un chien.

I. LA PRODUCTION DES TEMPS DU VERBE

Nos trente-huit adultes ont produit un total de 570 descriptions, dont 8 seulement ont été exclues. L'analyse des 562 énoncés dynamiques révèle la répartition des temps suivants : 540 *présents* (96 %), 18 *passés composés* (3 %) et 4 *imparfaits* (1 %).

Le *présent* semble donc être choisi par tous les adultes, quel que soit le type de situation à décrire. Comme l'indique le tableau 20, la grande majorité des sujets a choisi un seul temps, le *présent* pour décrire les quinze situations proposées par l'expérimentateur. Six sujets choisissent une majorité de *présents* et un seul d'entre eux emploie plus de *passés composés* que de *présents*.

Tableau 20
La répartition des temps du verbe chez les sujets adultes.

Nombre de sujets	Présent	Passé composé	Imparfait
31	15	0	0
4	14	1	0
1	13	1	1
1	12	0	3
1	2	13	0

Si l'on excepte ce dernier sujet, on constate que les temps autres que le *présent* sont fournis pour 4 situations seulement :

Situation	Passés composés	Imparfait
1.	0	1
11.	0	1
14.	3	1
18.	2	1

Deux de ces actions sont très brèves (1 et 14), et pour une autre (18 : la toupie tourne) c'est la mise en marche qui est décrite au *passé composé* et à l'*imparfait*.

Bien que le système des temps du verbe en français oppose à chaque temps simple un temps composé qui est censé exprimer le caractère accompli de l'action (cf. chap. I), dans notre situation expérimentale, le *présent*, temps simple exprimant la simultanéité de l'action et du moment d'énonciation, est utilisé de manière systématique. Le *passé composé*, parfait du présent, c'est-à-dire exprimant le caractère accompli d'une action simultanée n'apparaît que rarement.

Nos résultats semblent donc indiquer que de 6 à 20 ans (cf. notamment expérience V), pour des situations expérimentales du type de celle que nous avons créées, les sujets parlants ont de plus en plus tendance à utiliser un seul et même temps de description, quelle que soit la caractéristique de l'action. Avec un délai d'énonciation de 2 secondes, ce temps est le *présent*; il n'est pas interdit de penser qu'avec un délai plus important, ce temps serait le *passé composé* ou l'*imparfait*, mais le lecteur comprendra aisément que cet ultime contrôle est impossible à réaliser avec un groupe d'adultes, fût-il aussi coopérant que celui des étudiants de première année en psychologie.

La fonction temporelle de la conjugaison qui s'élabore à partir de la 6ᵉ année semble donc clairement confirmée chez les sujets adultes, et la fonction aspectuelle de ces mêmes temps n'en prend que plus de relief; cette « organisation aspectuelle » des formes conjuguées est donc parfaitement originale, et pose le problème psychologique essentiel de son élaboration; par quel processus ce système aspectuel s'est-il développé, puisqu'il ne peut s'agir simplement d'une induction sur la base du modèle proposé par les adultes ? Nous discuterons ce dernier point dans nos conclusions.

Une dernière remarque s'impose quant à la conscience que les sujets parlants ont de leur emploi des formes conjuguées. Immédiatement après l'achèvement de l'expérience, nous avons demandé à nos sujets s'ils se souvenaient du temps du verbe qu'ils avaient choisi; l'immense majorité l'ignorait complètement; quelques-uns avouaient avoir choisi le *présent*, mais d'autres affirmaient qu'ils avaient utilisé le *passé composé* dans tous leurs énoncés. Aucun d'entre eux ne pouvait dire s'il avait utilisé un seul ou plusieurs temps du verbe différents. La démonstration de la possibilité d'utiliser le *parfait* (*passé composé*) pour les actions résultatives et le *présent* pour les actions non résultatives leur a paru relativement saugrenue.

II. LA PRODUCTION DES MARQUES LEXICALES DU TEMPS ET DE L'ASPECT

1. *Le choix des verbes*

Le nombre moyen de verbes utilisés par les adultes est supérieur à celui des adolescents; cet accroissement s'inscrit dans le contexte général de recherche d'originalité dont témoignent la plupart des protocoles d'adultes.

Comme chez les adolescents, trois types de distributions sont à distinguer.

a) Situations intransitives continues

Les lexèmes décrivant le dépassement de frontières sont nettement les plus fréquents; ils sont accompagnés de verbes indiquant le mode de déroulement.

Exemple : Sit. 4

— Dépassement de frontières : *entrer* (10,5), *rentrer* (7,5), s'approcher (1,5), s'engager (1), s'enfiler (1).
— Déroulement : aller (2), *rouler* (6,5), courir (1), foncer (1), sauter (1,5), bondir (0,5), s'avancer (0,5).

b) Situations intransitives rféquentatives

On retrouve pour ces situations, les trois catégories de verbes présentées dans les énoncés d'adolescents.

Exemple : Sit. 2

— (a) Déroulement : aller (1), passer (2,5), avancer (1,5), marcher (2).
(b) Mode de déplacement : *sauter* (7,5).
— Dépassement de frontières : s'approcher (1), se déplacer (1).
— Fréquence : *sautiller* (17,5).

c) Situations transitives

Les verbes transitifs sont choisis par plus de 75 % des adultes.

Exemple : Sit. 13

— Transitifs : *tirer* (15), traîner (10), promener (2), entraîner (1).
— Intransitifs : marcher (4), avancer (3,5), se promener (1), faire des pas (0,5).

2. *Adverbes*

Ils sont produits presque exclusivement dans les énoncés décrivant les actions intransitives continues; leur variété s'accroît, comme celle des lexèmes verbaux.

Exemple : Sit. 4

— Très vite (5), à grande vitesse (3), à vitesse élevée (1), en vitesse (2), en trombe (2), très rapidement (2).

Les syntagmes prépositionnels apparaissent aux mêmes situations et dans les mêmes proportions que chez les enfants.

CHAPITRE VII

L'ACQUISITION DES MARQUES LANGAGIERES DE L'ASPECT ET DU TEMPS

Dans cet ultime chapitre, nous tenterons d'élaborer une synthèse de l'ensemble de nos données expérimentales, et nous proposerons quelques interprétations tant sur le plan psycholinguistique que cognitif.

I. SYNTHESE DE NOS DONNEES EXPERIMENTALES

Dans cette première partie, nous rappellerons tout d'abord les hypothèses théoriques et la démarche méthodologique de notre travail; à la lumière de nos résultats, nous tenterons ensuite de décrire les opérations aspectuelles et temporelles principales du sujet parlant, avant d'analyser les étapes de l'acquisition de ces opérations et de leur réalisation langagière.

A. LES ELEMENTS THEORIQUES ET METHODOLOGIQUES DE DEPART

1. *Schéma de notre démarche*

Il ne nous paraît pas inutile de résumer les diverses étapes de notre travail expérimental, afin de mieux cerner la nature même des données que nous allons tenter d'interpréter.
- Nous avons montré à nos sujets un certain nombre d'actions présentant diverses caractéristiques objectives; durée, espace parcouru, présence ou absence d'un résultat, etc.
- Après un délai temporel contrôlé et varié, nous avons demandé à ces sujets une description, un énoncé explicite portant sur cette action.
- Nous avons analysé dans ces données les marques de surface du temps et de l'aspect à savoir les temps du verbe, les lexèmes verbaux, les adverbes et les compléments circonstanciels, avec l'hypothèse que les caractéristiques de l'action avaient une incidence sur l'apparition de ces marques de surface.

- Nous avons tenté de voir si une évolution se manifestait dans l'emploi de ces marques de surface.
- Pour vérifier le caractère psycholinguistique des choix de marques de surface et de leur évolution éventuelle, nous avons contrôlé les possibilités d'appréhension par l'enfant des caractéristiques de l'action.

2. *Les paramètres objectifs mis en jeu dans nos expériences*

Il importe de bien distinguer, d'une part, les paramètres objectifs mis en jeu dans nos actions, c'est-à-dire les stimuli proposés aux sujets, et d'autre part, l'interprétation que les sujets font des stimuli, celle-ci n'étant objectivable que dans les marques de surface des énoncés. Nous nous plaçons ici au niveau des paramètres objectifs proposés aux sujets.

Trois types de stimuli ont été contrôlés :

- La *consigne*, et le type de discours qu'elle implique. Elle est identique pour tous les sujets, dans toutes les expériences; l'expérimentateur demande de produire un récit, et c'est effectivement ce que font tous les sujets.
- Le *délai de production* a varié de 0 à 25 sec.; quatre types de délai ont été présentés; DP0, DP2, DP7 et DP25.
- *Les caractéristiques de l'action*. Notre travail de recherche a longtemps consisté en une série de tâtonnements destinés à découvrir, isoler et étiqueter les aspects de l'action pertinents pour notre propos. Rappelons que nous avons isolé, voire contrôlé systématiquement, le résultat, la durée, l'espace parcouru, la fréquence, la transitivité, le mode de déplacement, et parfois la réussite de nos actions.

3. *La description linguistique des marques de l'aspect et du temps*

La notion de temps ne pose pas de problèmes particuliers aux linguistes; tous la définissent en termes de *relation temporelle* entre le moment de l'énonciation et le (ou les) moment(s) de l'action ou de l'état mentionné.

Les notions aspectuelles ont été décrites, étiquetées et cataloguées de manière très diverse par les linguistes. En ce qui nous concerne, nous les avons regroupées sous trois rubriques :

— Distinctions fondamentales entre état et processus d'une part, processus perfectif et imperfectif d'autre part.
— Phénomènes d'ordre du procès, c'est-à-dire les oppositions duratif-ponctuel, fréquentatif-sémelfactif, de même que les couples réussite-échec, et transitif-intransitif.
— La distinction accompli-inaccompli, le moment de déroulement du procès, et le rythme du récit.

Les marques de surface du français qui servent à exprimer ces notions temporelles et aspectuelles sont, *potentiellement*, les temps du verbe, les items verbaux eux-mêmes, les adverbes et certains syntagmes prépositionnels, ou encore toute combinaison de ces marques.

B. LES OPERATIONS ASPECTUELLES ET TEMPORELLES DU LOCUTEUR

A chacun de nos items expérimentaux, le sujet se trouve face à un événement à décrire (l'action et ses multiples caractéristiques), dans un contexte énonciatif précis (défini notamment par la consigne et le délai de production). Ces deux types d'éléments constituent la « réalité à référer » c'est-à-dire les données objectives à représenter par un énoncé.

Nos expériences d'imitation nous ont révélé que l'appréhension même de cette réalité à référer ne posait aucun problème majeur à nos sujets, même aux plus jeunes.

Les indices du réel étant correctement appréhendés (« perçus »), par le locuteur, celui-ci, pour élaborer son énoncé, doit alors « choisir » une ou plusieurs caractéristiques événementielles ou contextuelles, c'est-à-dire construire un *signifié aspectuel et/ou temporel*, et traduire ce dernier par une marque adéquate de sa langue maternelle.

Même dans le cas d'événements aussi clairs, précis et limités que ceux que nous avons présenté, le nombre des signifiés aspectuels ou temporels exprimables est important. Quel que soit le mode d'expression choisi (temps du verbe, item verbal, adverbe, etc.), le locuteur a en effet la possibilité de construire un ou quelques-uns des signifiés qui suivent :

— *Etat ou processus*. Bien que toutes les actions présentées soient des processus, le sujet parlant a la possibilité de considérer certaines d'entre elles (les actions non résultatives intrinsèques par exemple) comme des états.

— *Perfectif ou imperfectif*. Le locuteur a le loisir d'indiquer que l'événement décrit exclut tout résultat, ou au contraire qu'il peut en être suivi.

— *Ordre du procès*. Le sujet peut choisir d'indiquer spécifiquement ou d'accentuer l'un des paramètres de l'action; la durée, la vitesse, l'espace parcouru, la fréquence, la réussite, etc.

— *Moment de déroulement du procès*. L'intérêt du locuteur peut se porter sur un moment particulier de l'accomplissement de l'action; départ, parcours, arrivée...

— *Degré d'accomplissement*. Le locuteur a la possibilité de se centrer sur la phase-déroulement de l'événement, en négligeant le résultat, ou effectuer l'opération contraire; dans le premier cas, il construira un aspect inaccompli, dans le second, un aspect accompli.

— *Relation temporelle*. Le sujet peut enfin ne prendre en considération que la relation contextuelle de temps, et négliger toutes les caractéristiques de l'événement lui-même; celui-ci est saisi dans sa totalité.

Les données expérimentales recueillies démontrent que les sujets ont construit trois relations temporelles différentes. Les délais DP0 et DP2 ont conduit certains enfants, et presque tous les adultes à construire une relation de simultanéité; (il n'est pas exclu cependant que quelques rares sujets aient élaboré une relation d'antériorité faible avec DP2)[1]. Les délais DP7 et DP25 ont suscité la construction de relations temporelles d'antériorité, cependant, la plus grande fréquence de descriptions systématiques en DP25 nous incite à distinguer une relation d'antériorité faible (avec DP7), et une relation d'antériorité forte (avec DP25).

Il importe de souligner qu'il n'y a aucune relation directe entre délai de production et relation temporelle; en effet, d'une part, la plupart des enfants ne construisent aucune relation temporelle, d'autre part, même avec DP25, certains enfants construisent une relation de simultanéité. L'établissement d'une relation temporelle demeure donc un choix effectué par le locuteur, même si ce choix est fortement influencé par le contexte temporel de l'énonciation.

En ce qui concerne l'aspect, il est apparu que les enfants construisaient des catégories d'action, en intégrant — complètement ou partiellement — les paramètres objectifs de durée, espace, résultat, fréquence et même transitivité. Pour les situations proposées dans nos expériences, les cinq catégories suivantes sont apparues : A. Actions résultatives immédiates; B. Actions résultatives avec intervalle spatial de réalisation; C. Actions résultatives avec intervalle spatio-temporel de réalisation; D. Actions non résultatives accidentelles; E. Actions non résultatives intrinsèques. De la première de ces catégories à la dernière, la probabilité de prise en considération du déroulement de l'action croît, et celle de prise en considération du résultat décroît. L'élaboration de ces catégories d'action constitue la construction aspectuelle la plus fréquente et la plus importante chez les enfants; elle influence le choix des temps du verbe comme celui des marques lexicales de l'aspect.

Parmi les autres signifiés aspectuels potentiels, on observe à tout âge la désignation du moment de déroulement du procès, ainsi que des indications de trois types d'ordre du procès; la fréquence, la transitivité et la vitesse. Les modes d'expression de ces signifiés sont essentiellement lexicaux. Enfin, le signifié état-processus n'est apparemment pas construit dans ce type de situation.

Ces données posent un problème important, celui de la signification des catégories d'action élaborées par l'enfant. A quel signifié aspectuel correspondent-elles ?

Une première réponse à cette question consisterait à affirmer que ces catégories sont le résultat de la combinaison de deux couples de signifiés aspectuels; perfectif-imperfectif d'une part, accompli-inaccompli d'autre part.

---

[1] Il s'agit là des quelques sujets utilisant systématiquement le *passé composé* avec DP2.

En effet, les actions de catégorie E n'ont pas de résultat réel ni potentiel; elles sont permanentes, et l'on pourrait émettre l'hypothèse que pour les décrire, l'enfant doit construire un signifié inperfectif. Pour les quatre catégories restantes, le résultat de l'action est tangible (A, B, C) ou envisageable si l'on modifie légèrement le déroulement de l'action (D). Pour décrire les actions appartenant à ces quatre catégories, l'enfant construirait un signifié perfectif. L'opposition accompli-inaccompli n'est pertinente que pour les actions ayant un résultat envisageable (donc perfectives). Les catégories A à D se différencient par l'importance relative de la phase-déroulement et de la phase résultat; de A à D, l'importance du déroulement s'accroît, celle du résultat s'atténue. De A à D, la probabilité que le sujet parlant prenne en considération le déroulement et donc construise un aspect inaccompli s'accroît, et la probabilité qu'il élabore un aspect accompli diminue.

Une seconde réponse consisterait à affirmer que l'enfant ne construit en réalité qu'un couple de signifiés; accompli-inaccompli. Il se centrerait soit sur le déroulement, soit sur le résultat de l'action, en intégrant les informations que constituent la nature même de l'action (permanente ou non), la présence ou l'absence d'un résultat, la durée, l'espace, la fréquence, etc.

A l'appui de la première hypothèse, on peut invoquer la différence très nette de répartition des temps du verbe entre les catégories D et E. Cette différence est souvent beaucoup plus importante que celles qui existent entre d'autres catégories voisines. Nous opterons cependant pour la seconde hypothèse pour des raisons à la fois théoriques et expérimentales. Si l'on rejette a priori tout déterminisme des caractéristiques de la réalité sur la construction des énoncés — ce sera bien entendu notre position —, il faut admettre que le sujet doit construire le couple de signifiés perfectif-imperfectif. Or, cette construction implique, comme celle de tout signifié, un choix du locuteur. Ce choix ne peut être que partiellement dépendant des caractéristiques qui définissent les notions de perfectif et imperfectif, et, à tout âge, certains sujets décrivent des actions n'impliquant aucun but comme des perfectives, et des actions résultatives comme des imperfectives. L'opposition perfectif-imperfectif ne peut donc s'appliquer à l'opération psycholinguistique de construction du signifié; elle ne constitue qu'un des paramètres sur la base duquel le sujet effectue un choix. Ce choix du sujet est en réalité toujours un choix de centration sur le déroulement ou le résultat; l'aspect construit concerne donc toujours le degré d'accomplissement de l'action.

Il nous semble en définitive que la distinction entre couples de signifiés perfectif-imperfectif d'une part, accompli-inaccompli d'autre part, n'a de pertinence que dans le cadre linguistique, qu'elle soit fondée sur une distinction de niveaux d'opérations théoriques, comme dans le système de Culioli, où plus simplement sur des réalisations de surface différentes comme chez les aspectologues classiques. Sur le plan psycholinguistique, les opérations qui servent à constituer ces deux types de signifiés sont identiques;

dans l'analyse qui suit, nous ne prendrons donc en considération que l'opposition accompli-inaccompli.

C. L'EVOLUTION DES MODES D'EXPRESSION DE L'ASPECT ET DU TEMPS

Nous nous placerons ici d'un point de vue résolument psycholinlinguistique; nous relèverons, pour nos différents groupes de sujets, les marques de l'aspect et du temps, et tenterons d'en analyser la fonction précise. Nous présenterons d'abord le groupe d'adultes, dont les productions constituent la référence de base pour l'interprétation des énoncés enfantins.

1. *Le groupe d'adultes*

Le maintien d'un délai de production constant (DP2) a suscité un emploi systématique du *présent*, quelles que soient les caractéristiques de l'action. Chez ces sujets, le temps du verbe assume donc une fonction exclusivement temporelle; il exprime la simultanéité entre le moment de l'action mentionnée et le moment de l'énonciation.

Le degré d'accomplissement de l'action n'est exprimé par aucune marque de surface spécifique; les énoncés fournis ne se modifient pas en fonction de la probabilité de prise en considération de la phase-déroulement ou de la phase-résultat.

Le moment de déroulement de l'action n'est lui non plus indiqué par aucun de nos sujets, cependant, certains items verbaux mentionnent un dépassement de frontières (« rentrer », « entrer », « venir »). Ces verbes, caractéristiques des énoncés adultes, expriment la centration, non sur un moment précis du déroulement de l'action, mais sur une transition où une succession de moments.

Trois types d'ordre du procès trouvent un mode d'expression dans les énoncés adultes; la vitesse (adverbes et locutions adverbiales), l'intransitivité (attribution d'un syntagme prépositionnel) et l'itérativité (suffixation : « sautiller »).

2. *Les enfants et les adolescents*

De 3 à 12 ans, l'évolution des modes d'expression de l'aspect et du temps paraît continue. Nos résultats permettent néanmoins de distinguer quatre groupes principaux.

a) Les sujets de moins de 3;6 ans [2].

Seule l'expérience 1b (DP2) a isolé un groupe homogène de sujets de 3;0 à 3;6 ans.

Les productions de ce groupe d'enfants sont naturellement les plus frustes; les marques lexicales de l'aspect et du temps sont rares, voire

---

[2] Il va de soi que les âges mentionnés ne sont qu'indicatifs.

inexistantes. En ce qui concerne la conjugaison, on observe un emploi massif du *passé composé*. Celui-ci ne semble cependant pas assumer une fonction temporelle, étant donné la relation de simultanéité qui unit événement et énoncé; son rôle, comme celui des quelques *infinitifs* qui l'accompagnent est exclusivement déictique; l'un et l'autre servent à désigner l'action.

Les quelques *présents* et *imparfaits* qui sont produits marquent le début d'une prise en considération du degré d'accomplissement de l'action; ils n'apparaissent que dans les descriptions d'actions de catégorie E.

b) Les enfants de 3;6 à 6 ans

Lorsqu'on maintient constant un délai de production de 0, 2 ou 7 secondes, l'emploi des marques de la conjugaison ne présente aucune systématicité; la répartition des temps du verbe dépend manifestement d'autres facteurs. Avec un délai élevé (DP25), on note un emploi massif des *passés composés*, surtout chez les sujets de 5;0 à 5;11 ans. Avant 6 ans, les temps du verbe n'assument donc une fonction temporelle que lorsque le contexte de production a contraint fortement le sujet à construire une relation d'antériorité; dans la plupart des cas, ils véhiculent un signifié aspectuel.

Le choix du temps du verbe dépend en effet, dans la plupart des énoncés, du degré d'accomplissement de l'action; l'emploi du *passé composé* augmente avec la probabilité de prise en considération du résultat, celle-ci étant partiellement dépendante de la combinaison des paramètres de durée, espace, etc. Le *présent* et l'*imparfait* sont au contraire l'expression de la centration sur le déroulement; leur fréquence de production dépend de la probabilité de cette dernière.

Le moment de déroulement de l'action est exprimé, chez une part peu importante de sujets, par le choix d'un lexème verbal spécifique (« partir », « s'en aller », « arriver »). La plupart d'entre eux choisissent cependant des verbes globaux ou standards.

Aucune marque de surface ne véhicule un signifié « ordre du procès ».

On remarquera chez les enfants de cet âge l'incompatibilité entre marques d'accomplissement et marques de déroulement; en effet, comme nous le notions antérieurement (cf. p. 88), les variations de temps significatives ne se produisent qu'avec les verbes standards, c'est-à-dire avec les items représentant l'action dans son ensemble. Lorsque le lexème choisi indique un moment précis du déroulement, on retrouve souvent le même temps associé au même verbe. Les enfants de moins de 6 ans indiquent donc soit un degré d'accomplissement, soit un moment du déroulement, mais jamais les deux simultanément.

Notons enfin qu'avec un délai de production élevé, le degré d'accomplissement de l'action s'exprime essentiellement par l'opposition *passé composé/imparfait*. Les autres marques sont celles que l'on obtient avec les délais plus brefs.

c) Les enfants de 6 à 8 ans

Les sujets de cet âge se distinguent nettement de leurs cadets par le fait que la constance du délai de production entraîne l'apparition d'un temps nettement majoritaire; avec DP2, il s'agit du *présent*, avec DP7, du *passé composé*, et avec DP25, du *passé composé* ou de l'*imparfait*. Ces flexions verbales sont systématiquement choisies par un tiers des sujets environ, majoritairement choisies par les autres. A partir de 6 ans, les temps du verbe commencent donc à être investis d'un signifié temporel, la simultanéité avec DP2, l'antériorité avec DP7 et DP25.

Le degré d'accomplissement de l'action n'influence le choix des temps du verbe que dans les catégories extrêmes; les sujets de 6 à 8 ans ne construisent un signifié accompli ou inaccompli que lorsque la probabilité de prendre en considération le déroulement ou le résultat est très forte (respectivement, catégories d'actions E et A).

Les moments de déroulement de l'action ne sont que rarement décrits par des items spécifiques (« partir », « arriver »); on observe par contre l'émergence des verbes de vection ou de dépassement de frontière, caractéristiques des énoncés adultes (« venir dans », « rentrer »). Une majorité importante de sujets utilise néanmoins les verbes standards.

Les ordres du procès (vitesse, fréquence, transitivité) sont les signifiés aspectuels les plus fréquemment exprimés par les enfants de ce groupe. La vitesse est traduite par un choix d'adverbes plus nombreux et plus spécifiques que dans les descriptions d'enfants plus jeunes. L'intransitivité de l'action est indiquée par un choix significativement plus important du *passé composé*. Enfin, l'opposition entre actions fréquentatives et continues s'exprime par la répartition significativement différente des temps du verbe, par le choix d'adverbes et de locutions adverbiales (« beaucoup de fois », « plein de fois »), par le choix d'items verbaux spécifiques (« galoper »), ainsi que par des suffixations verbales (« sautiller »).

d) Les adolescents (11 à 13 ans)

Les énoncés fournis par ces sujets témoignent du développement des tendances observées de 6 à 8 ans.

La constance du délai de production (DP2) entraîne un emploi systématique du *présent* chez la moitié des sujets, et sur l'ensemble des énoncés produits, ce temps du verbe est nettement majoritaire. La fonction temporelle des flexions verbales est donc plus constante et plus forte que chez les sujets plus jeunes; elle n'atteint cependant pas la systématicité que l'on observe chez les adultes.

Le degré d'accomplissement de l'action n'est exprimé par aucune marque de surface, et rares sont les verbes qui indiquent un moment précis du déroulement de l'action. Les verbes de vection sont par contre très nombreux; leur fréquence d'apparition est équivalente à celle des verbes standards.

La dépendance apparente du choix du temps par rapport aux paramètres de fréquence et de transitivité (*présent* significativement plus utilisé pour les actions transitives et fréquentatives), peut s'expliquer par la variation que ces paramètres font subir au délai réel de production. Nous considérerons donc que les seuls ordres du procès exprimés sont la vitesse (adverbes) et la fréquence (items spécifiques et suffixations).

II. LES HYPOTHESES INTERPRETATIVES

A. LES INTERPRETATIONS PSYCHOLINGUISTIQUES

1. *Les marques de surface des signifiés aspectuels et temporels et leur évolution*

Dans le type de situation que nous avons proposé, la relation temporelle entre action et énonciation n'est traduite que par une marque de surface, le *temps du verbe*. Ce dernier n'assume une fonction temporelle qu'à partir de 6 ans environ; plus tard, cette fonction devient dominante, puis systématique (chez l'adulte). Lorsque le délai de production est élevé, la fonction temporelle des marques de la conjugaison est plus précoce.

Les deux principaux signifiés aspectuels, du point de vue des opérations psycholinguistiques, sont le degré d'accomplissement et le moment de déroulement. En ce qui concerne le premier, posons que AC— correspond à la prise en considération du déroulement, AC+ à celle du résultat, et AC* aux deux aspects simultanément.

En ce qui concerne les moments du déroulement, nous posons que $m2$ s'exprime par un verbe de type « partir », $m3$ par « passer », $m4$ par « arriver » et $m5$ par « être dans ».

De 3;6 à 6;0 ans, la distinction entre AC— et AC+ est exprimée par une opposition des *temps du verbe*, à condition toutefois que le lexème verbal choisi soit « standard », c'est-à-dire exprime le mode de déplacement en une saisie très globale (« marcher », « rouler », « courir »). Les verbes qui expriment un moment du déroulement sont décrits à un seul et même temps qui est le *passé composé* pour $m2$ et $m4$ et le *présent* pour $m3$ et $m5$.

L'augmentation du délai d'énonciation (DP25) réduit cette utilisation aspectuelle des temps du verbe au seul groupe des enfants de 4;0 à 5;0 ans. On pourrait interpréter ce résultat de la manière suivante : l'augmentation du délai temporel atténue la prégnance éventuelle de la phase-déroulement ou de la phase-résultat de l'action; le sujet prend alors plus facilement en considération *AC—* et *AC+*, c'est-à-dire le déroulement total de l'action (AC*).

Celui-ci constitue une sorte d'aspect neutre, laissant la marque «*temps du verbe*» à la disposition de la fonction temporelle.

De 6;0 ans à 8;0 ans, il semble bien que ce soit un processus de ce type qui se réalise dans le passage de l'aspect au temps; le sujet ne prend plus en considération un moment particulier du déroulement; au contraire, il choisit des verbes de « dépassement de frontières » ou des verbes standards; il ne se centre donc plus électivement sur le déroulement ou sur le résultat mais sur l'ensemble de l'action; l'accession à un aspect AC* serait en fait la condition de passage à l'expression par le temps du verbe de la relation temporelle.

Les paramètres objectifs de l'action (ordres du procès), ne sont que rarement traduits dans les énoncés des sujets de moins de 6 ans. Ils le sont par contre de manière élective entre 6 et 8 ans; la vitesse est exprimée par le choix d'adverbes et locutions adverbiales, la transitivité par le choix d'un temps du verbe, la fréquence par les adverbes, les items spécifiques, les temps du verbe et les procédés de suffixation. Chez les adultes, ces signifiés ne sont plus traduits que par des marques lexicales (verbes spécifiques et adverbes), à l'exception de la fréquence (suffixation).

2. *La fonction des signifiants aspectuels et temporels de 3 ans à l'âge adulte*

Avant 3;6 ans, *le temps du verbe* a pour fonction essentielle de désigner l'action, pour fonctions secondaires d'indiquer le degré d'accomplissement de l'action et d'exprimer la modalité d'« intention ».

De 3;6 à 6;0 ans environ, le *temps du verbe* a pour fonction essentielle de rendre compte du degré d'accomplissement de l'action. Le choix d'un *item spécifique* peut parfois indiquer un moment du déroulement de l'action. Quelques *adverbes* expriment la vitesse.

De 6;0 à 8;0 ans, le *temps du verbe* assume une fonction temporelle, mais véhicule encore divers signifiés aspectuels; le degré d'accomplissement de l'action, sa fréquence et sa transitivité. Certains *items verbaux spécifiques* indiquent la vection, la fréquence, ou encore un moment de déroulement. Les *adverbes* expriment la vitesse et la fréquence.

Chez les adolescents, la fonction temporelle des *temps du verbe* devient primordiale. Les *verbes spécifiques* et les *adverbes* indiquent la vection, la fréquence et la vitesse.

Chez les adultes enfin, le *temps du verbe* véhicule exclusivement un signifié temporel. Les verbes spécifiques et les adverbes ont les mêmes fonctions que chez les adolescents.

3. *Les interprétations concurrentes*

Avant d'aborder la signification psychologique des données telles que nous les avons interprétées, nous aimerions discuter brièvement deux possibilités d'interprétations concurrentes.

a) L'interprétation temporelle stricte

Sur la base de nos premiers résultats expérimentaux (délai t_0), nous avons, grâce aux suggestions de P. Fraisse et M. Richelle notamment, envisagé une seconde voie d'interprétation axée sur les considérations suivantes :

— Le délai d'énonciation à envisager dans l'analyse n'est pas celui qui est imposé artificiellement par l'expérimentateur, mais la distance temporelle entre le début de l'action et le moment effectif de l'énonciation de l'enfant.

— Dans cette optique, le délai d'énonciation réel varie donc en fonction de la durée objective de l'action; il est constitué de la somme de deux durées, celle de l'action et celle du délai proprement dit.

— Lorsque l'action présentée est brève, l'enfant la décrit effectivement *après* son achèvement et il emploie généralement le *passé composé*. Lorsque l'action est durative, l'enfant a le temps de la décrire *pendant* son déroulement, et il emploie le *présent*.

— L'évolution génétique observée (avec un délai t_0, il s'agit essentiellement d'une diminution du *passé composé* pour toutes les actions R) s'expliquerait par une diminution du temps de réaction. Plus le sujet est âgé, plus il répond rapidement, plus donc il a de chances de répondre *pendant* le déroulement de l'action et donc plus il utilise le *présent*.

Cette interprétation repose comme on le voit, sur l'hypothèse que l'enfant construit « en lui-même » un énoncé comportant un temps du verbe, avant le signal « Raconte » de l'expérimentateur. Il s'agit là d'une hypothèse à proprement parler invérifiable; les quelques indications cliniques que nous avons recueillies, sans être décisives, semblent cependant l'infirmer. Les enfants suivent en effet très attentivement le déroulement de l'action jusqu'à son achèvement; comme nous l'avons noté, les plus jeunes produisent ensuite immédiatement leur réponse, tandis que les plus âgés l'élaborent avec beaucoup de soin et en prenant leur temps. Cliniquement donc, il nous a semblé que le temps de réaction augmentait avec l'âge au lieu de diminuer comme l'impliquerait cette interprétation.

Le seul cas évident de construction de l'énoncé avant le signal de l'expérimentateur a été observé dans la situation t_{-2}, chez quelques sujets de 6;6 à 8;0 ans. Ces derniers, en prévision du long délai d'énonciation (25 sec.) construisent une phrase qu'ils se répètent à voix basse tout au long du trajet. Il s'agit cependant là de sujets relativement âgés d'une part, et nous n'avons pu vérifier si l'élaboration de la phrase se déroulait pendant l'action ou immédiatement après.

L'interprétation « temporelle » est en outre en contradiction avec le fait que les quelques actions de catégorie E dont la durée est brève, sont surtout décrites au *présent*. Selon l'hypothèse « temporelle », elles auraient dû, en tant qu'actions brèves, être décrites au *passé composé*.

Nous avons donc de sérieuses raisons de rejeter cette interprétation lorsque la relation temporelle est t_0. Si l'on considère en outre les résultats obtenus avec les relations t_{-1} et t_{-2}, le doute n'est plus permis. En effet, avec t_{-1}, les enfants de plus de 6 ans utilisent systématiquement le *passé composé*, même pour la description d'actions duratives; cela signifie donc qu'ils décrivent l'action après son déroulement, sinon ils emploieraient le *présent* ou à la rigueur l'*imparfait*. Avec t_{-2}, l'emploi du *passé composé* est dominant dès 3 ans et exclusif dès 5 ans pour toutes les situations. On arriverait en fait à ce paradoxe que l'interprétation temporelle stricte ne pourrait expliquer le changement considérable qui s'opère dans le choix des temps du verbe autour de 6 ans, c'est-à-dire précisément le passage de l'aspect au temps.

b) L'intervention de la mémoire

L'emploi prédominant du *passé composé* avec une relation t_{-2} pourrait s'expliquer par un oubli de la part de l'enfant des caractéristiques de l'action, et donc par une neutralisation des caractéristiques aspectuelles (AC*). Ce processus d'effacement (qui, notons-le, entre en contradiction avec l'hypothèse décrite sous a) nous paraît très plausible; l'obligation de « mise en mémoire momentanée » d'un aspect de l'action favorise l'expression de AC* et donc de la relation temporelle.

L'hypothèse d'un rôle éventuel de la mémoire n'entre cependant pas en contradiction avec notre interprétation. Si nous ne l'avons pas mentionné au cours de notre analyse, c'est parce que d'une part, il ne nous intéresse pas en tant que tel, et que d'autre part, il ne change pas la signification psychologique de nos données, mais en déplace l'interprétation à un autre niveau.

B. L'INTERPRETATION PSYCHOLOGIQUE

Que signifie sur le plan de l'acquisition du langage l'évolution des signifiants et signifiés temporels et aspectuels que nous venons de décrire ? Sur quel modèle et pourquoi l'enfant dote-t-il certaines marques de surface de fonctions différentes de celles qu'elles assument dans les énoncés d'adultes ?

Nous n'aurons pas la prétention de résoudre ces questions en l'absence de données spécifiques; nous aimerions cependant émettre les quelques considérations qui suivent :

— Face à une même situation expérimentale, les adultes expriment la relation temporelle par le temps du verbe, les signifiés aspectuels par le choix du verbe et par des adverbes. Ces données sont intéressantes d'un point de vue comparatif, toutefois, il est peu probable que l'induction par l'enfant des signifiants temporels et aspectuels de sa langue se fasse dans le cadre de situations artificielles de ce type. Selon toute vraisemblance, l'induction se réalise sur la langue proposée par l'adulte à l'enfant dans les diverses situations de la vie quotidienne.

— Or, on ne dispose pas d'une théorie des conditions d'emploi des temps du verbe par les adultes; dans l'état actuel des connaissances, on peut simplement définir a posteriori les divers amalgames de signifiés exprimés par un temps particulier. Pour notre propos, nous retiendrons simplement l'idée communément admise que les temps simples indiquent généralement une relation temporelle, et que les temps composés peuvent indiquer l'aspect accompli de l'action.

Nous noterons encore que le *passé composé* est une forme particulièrement ambiguë, dans la mesure où elle peut exprimer un accompli du présent, ou constituer un temps simple du passé.

En ce qui concerne les autres marques de surface, on sait par contre que les adultes utilisent les adverbes et locutions adverbiales, ainsi que la signification des lexèmes verbaux pour exprimer des aspects de l'action.

— Il ressort de ces données, quelque fragmentaires qu'elles soient, que l'enfant ne copie pas simplement les signifiants et signifiés temporalo-aspectuels, mais qu'il les organise d'une façon autonome. Nous allons tenter de décrire ce processus en distinguant le niveau du signifiant de celui du signifié.

a) *Organisation des signifiants*

Le temps du verbe est utilisé par les enfants dès 3 ans, et jusqu'à 6 ans environ, il est la seule marque de surface spécifique apparaissant dans nos énoncés. Il est ensuite utilisé *avec* les autres marques.

La *signification du lexème verbal*, implicite dans la distinction AC—/ AC+, joue un rôle très fugitif dans la détermination des moments du déroulement de l'action entre 4 et 6 ans. En fait, c'est à partir de 7 ans environ qu'elle intervient systématiquement, notamment dans la distinction fréquentatif-continu.

Les *adverbes* et *locutions adverbiales* n'apparaissent qu'à partir de 6 ans de manière systématique.

L'induction des marques de surface se réalise donc très progressivement. Les étapes de cette induction pourraient renvoyer à des stratégies perceptives universelles. D. Slobin a en effet démontré que, quelle que soit la langue-modèle, les premières marques de surface acquises sont les flexions morphologiques apparaissant à la fin d'un mot (1971). Les marques lexicales apparaissent ensuite, dans un ordre qui pourrait dépendre des fréquences d'utilisation dans la langue-modèle. Cette interprétation serait à valider avec nos résultats : d'abord, apparaissent les verbes du type « partir » ou ou « arriver », ensuite les adverbes comme « vite » et « doucement », enfin les lexèmes très spécifiques comme « galoper » ou « sautiller ».

b) *Organisation des signifiés*

En ce qui concerne les *temps du verbe,* nous serions tenté d'émettre les hypothèses explicatives qui suivent :

— Le *présent* est sans doute le plus généralement employé dans le commentaire ou la description en simultanéité d'actions ou d'états, c'est-à-dire d'inaccomplis. Le *passé composé* quant à lui est utilisé pour commenter ou décrire la plupart des actions passées et donc objectivement accomplies, de même que les actions accomplies se déroulant (presque) simultanément.

— L'enfant, dès 3 ans, ressent intuitivement cette opposition *présent-passé composé* de la langue adulte. Il tente de la reproduire en l'appliquant aux oppositions d'actions les plus évidentes c'est-à-dire celles qui, par des lexèmes différents, manifestent une véritable opposition de sens (actions de catégorie A et E).

Plus tard, il généralise cette opposition des deux flexions verbales aux divers degrés d'accomplissement de l'action. L'élaboration de ce signifié d'accomplissement repose sur la prise en considération des caractéristiques objectives de l'action (durée, espace, résultat, etc.). Or, ces dernières semblent perdre de l'importance pour le sujet aux alentours de 6 ans; l'enfant indique encore la fréquence et la transitivité, mais il commence à négliger l'opposition entre AC— et AC+ ; il a tendance à prendre en considération l'accomplissement total (AC*), ce qui lui permet d'établir une relation temporelle entre cet AC* et le moment d'énonciation. Cette relation est exprimée par le temps du verbe, bien que chez de nombreux sujets, cette marque assume encore une fonction aspectuelle. Chez les adolescents, et surtout chez les adultes, la fonction temporelle des flexions verbales s'impose définitivement.

C. L'INTERPRETATION COGNITIVE

L'hypothèse que nous venons d'émettre sur la construction du système temporalo-aspectuel chez l'enfant de langue maternelle française, ne dépasse guère le niveau descriptif. Il ne nous est pas possible, sur la base de nos données expérimentales, de fournir le pourquoi de l'évolution. Autrement dit, nous pensons avoir démontré que l'enfant construit très progressivement son système temporel, mais nous n'avons pas démontré pourquoi il a besoin de le construire et pourquoi il le construit de cette manière, c'est-à-dire en accentuant d'abord les caractéristiques de l'action.

La réponse à ces ultimes questions devra s'appuyer sur des faits beaucoup plus complets et plus riches que ceux que nous avons recueillis. Qu'il nous soit permis cependant de signaler l'étonnante similitude de nos résultats avec ceux obtenus par ailleurs dans des études historiques, sociolinguistiques et psychologiques.

Le processus de passage de l'aspect au temps a été décrit dans le développement historique des langues (Kurylowicz), dans l'évolution de l'argot à la langue-cible au travers des stades successifs de langue créole (E. Traugott), et même dans la création et l'évolution de systèmes de signes chez les sourds (S. O. Fischer, 1973). L'existence d'une « période aspectuelle » précédant l'élaboration des relations temporelles semble bien présenter un caractère de nécessité; elle se pose dès lors comme un candidat sérieux au statut de processus universel. Dans cette hypothèse, son explication ultime renvoie aux processus cognitifs.

A ce titre, il nous semble que l'on retrouve, dans les deux stades principaux d'élaboration du système temporalo-aspectuel, des caractéristiques indiquant la mise en jeu de mécanisme cognitifs analogues à ceux responsables de l'élaboration de la pensée préopératoire d'une part et opératoire d'autre part.

Au niveau préopératoire (de 2 à 6 ans), l'enfant isole et analyse les propriétés de ses actions et des objets en tentant de différencier les propriétés permanentes des propriétés accessoires. A ce stade, les « fonctions » unidirectionnelles sont suffisantes, ce qui implique la subsistance d'un type d'indifférenciation entre sujet et objets.

L'expression des caractéristiques aspectuelles de l'action, et surtout des caractéristiques subjectives (AC—/AC+) nous paraît constituer une illustration très claire de ces caractéristiques cognitives.

Au niveau opératoire, les « fonctions » cèdent la place aux transformations réversibles; c'est précisément une transition de ce type qui s'opère lorsque l'enfant commence à concevoir l'action dans son accomplissement total, et à la mettre en relation avec sa propre « situation temporelle »; les notions d'antériorité, postériorité et simultanéité entre événements exigent en effet, une réversibilité de leurs relations, celles-ci s'accompagnant de la première différenciation « véritable » entre l'énoncé et le sujet parlant.

Peut-être que les autres ne voient pas les maliettes comme je les vois, se dit Jacquemort, et peut-être que je ne les vois pas tout à fait comme je dis, mais en tout cas, une chose est sûre, c'est que même si on ne voit pas les maliettes, il faut faire semblant. Du reste, elles sont si visibles que l'on serait ridicule de les manquer.

Boris VIAN.

BIBLIOGRAPHIE

BALLY, C., Valeur aspective de « en » en français moderne, in *Mélanges linguistiques offerts à M.J. Vendryes*, Paris, Champion, 1925.

BENVENISTE, E., *Problèmes de linguistique générale, I et II*, Paris, Gallimard, 1966 et 1974.

BENVENISTE, E., L'appareil formel de l'énonciation, *Langages*, 1970, *17*, 12-18.

BEVER, T. G., The cognitive basis for linguistic structures in J.R. Hayes (Ed.), *Cognition and the development of language*, New-York, 277-360.

BLOOMFIELD, L., *Le langage*, Paris, Payot, 1970.

BRAINE, M.D.S., On learning the grammatical order of words, *Psychol. Review*, 1963, *70*, 323-348.

BRESSON, F. & Al., Quelques aspects du système des déterminants chez les enfants de l'école maternelle, *C.R.E.S.A.S.*, 1970, *2*, 3-40.

BROWN, R., *A first language*, London, G. Allen & Unwin Ldt, 1973.

BRUNEL, J., L'aspect verbal et l'emploi des préverbes en grec, particulièrement en attique, *Collection Linguistique*, 45, Paris, Klincksieck, 1934.

CASTELFRANCHI, C., Capacita locative e « Aspetti » dei tempi verbali, Roma, CNRS, Institute di Psicologia, 1970.

CAZDEN, C.B., The acquisition of Noun and Verb inflections, *Child Develop.*, 1968, *39*, 443-458.

CHOMSKY, N., *Syntactic structures*, La Haye, Mouton, 1957. Traduction française : Paris, Seuil, 1969.

CHOMSKY, N., A transformational approach to syntax, in J.A. Fodor & J.J. Katz (Eds), *The structure of language*, Englewoods Cliffs, Prentice Hall, 1964.

CHOMSKY N., *Aspects of the theory of syntax*, Cambridge, M.I.T. press, 1965. Traduction française : Paris, Seuil, 1972.

CLARK, E., How young children describe events in time, in G.B. Florès d'Arcais & W.J.M. Levelt (Eds.), *Advances in Psycholinguistics*, Amsterdam, North-Holland, 1970, 275-284.

CULIOLI, A., A propos d'opérations intervenant dans le traitement formel des langages naturelles, *Mathématiques et Sciences Humaines*, 1971, 34.

CULIOLI, A, FUCHS, C. & PECHEUX, M., *Considérations théoriques à propos du traitement formel du langage*, Paris, Dunod, 1970.

DIEZ, F., *Grammatik des Romanischen Sprachen*, Bonn, 1876.

ENTWISTLE, W.J., *Aspects of language*, London, Farber & Farber, 1953.

FERREIRO,, E., *Les relations temporelles dans le langage de l'enfant*, Paris, Droz, 1971.

FICKETT, J., Tense and aspect in Black English, *J. English Ling.*, 1972, *6*, 17-19.

FISCHER, S.O., Two processes of reduplication in the American sign language, The Salk Institute, non-publié, 1971.

FODOR, J.A. & GARETT, M., Some reflections on competence and performance, in J. Lyons & R. Wales, *Psycholinguistics papers*, Edinburgh, E.U.P., 1966.

FOURQUET, J., La notion de verbe, *J. de Psychol.*, 1950, *50*, 74-98.

FRAISSE, P., Etude comparée de la perception et de l'estimation de la durée chez les enfants et les adultes, *Enfance*, 1948, *1*, 199-211.
FRAISSE, P., *Psychologie du temps*, Paris, P.U.F., 1957.
FRAISSE, P., Influence de la durée et de la fréquence des changements sur l'estimation du temps, *Année Psychol.*, 1961, *61*, 325-339.
FRAISSE, P. & VAUTREY, P., La perception de l'espace, de la vitesse et du temps chez l'enfant de 5 ans, *Enfance*, 1952, *5*, 1-20, & 102-119.
FUCHS, C., Contribution préliminaire à la construction d'une grammaire de reconnaissance du français, Thèse de troisième cycle, Paris, Université de Paris VII, 1971.
GREGOIRE, A., *L'apprentissage du langage, I & II*, Liège, Bibliothèque de la Faculté de Philosophie et Lettres, 1937 & 1947.
GUILLAUME, G., *Temps et verbes. Théorie des aspects, des modes et des temps*, Paris, Coll. linguistique, XXVII, 1929.
GUILLAUME, G., *Architectonique des temps dans les langues classiques*, Copenhaque, Munskgaard, 1945.
GUILLAUME, P., Le développement des éléments formels dans le langage de l'enfant, *Journ. Psychol.*, 1927, *24*, 203-229.
HERMANN, E., *Objektive und subjektive Aktionsart*, Indogermanische Forschungen, XLI, 1927.
HERMANN, E., *Aspekt und Aktionsart*, Göttingen, Nachrichten der Gesellschaft des Wissenschaften, 1933.
HOCKETT, C.F., *A course in Modern Linguistics*, New-York, Macmillan, 1958.
HOLT, J., Etudes d'aspect, *Acta Jutlantica*, 1943, *15*.
HUMBERT, H., *Syntaxe Grecque*, Paris, Klincksiek, 1960.
JANET, P., *L'évolution de la mémoire et du temps*, Paris, A. Chahine, 1928.
JESPERSEN, O., *The Philosophy of Grammar*, New-York, Norton, 1965.
JOHNSON, N.P., The psychological reality of phrase-structure rules, *J. verb. Learn. verb. Behav.*, 1965, *4*, 469-475 .
KOSCHMIEDER, E., *Zeitbezug und Sprache*, Berlin, Wissenschaftlichte Grundfragen herangegeben von R. Hömgswald, 1929.
KURYLOWICZ, J., *L'apophonie en Indo-Européen*, Wroclaw, Wydawrictwo Polskiej Akademii Nauk, 1956.
KURYLOWICZ, J., *The Inflectional Categories of Indo-Europeen*, Heidelberg, Carl-Winter Universitätverlag, 1964.
KURYLOWICZ, J., The role of deïctic elements in linguistic evolution, *Sémiotica*, 1972, *5*, 174-183.
LABOV, W., On the adequacy of natural languages, 1971, non-publié.
LEONARD, A.M., Etude de certains phénomènes aspectuels de l'anglais; aspects et processus, Thèse de troisième cycle, Paris, Université de Paris VII, 1973.
LUCOT, R., Remarques sur l'expression de l'aspect, *Journ. Psychol.*, 1956, 447-453.
LYONS, J., *Linguistique générale*, Paris, Larousse, 1970.
McNEILL, D., Developmental Psycholinguistics, in F. Smith & G.A. Miller (Eds.), *The genesis of language*, Cambridge, M.I.T. press, 1967.
McNEILL, D., *The acquisition of language*, New-York, Harper & Row, 1970.
MALRIEU, P., L'expression verbale de la temporalité avant quatre ans, *Bull. Psychol.*, 1973, *26*, 224-233.
MARATSOS, M.P., Preschool children's use of definite and indefinite articles, *Child Develop.*, 1974, *45*, 446-455.
MEILLET, A., Sur les caractères du verbe, in *Linguistique historique et linguistique générale*, Paris, Champion, 175-198.
MILLER, G.A., McKEAN, K.D. & SLOBIN, D.I. The exploration of transformations by sentence matching, in G.A. Miller (Ed.), *Some psychological studies of grammar*, Amer. Psychol., 1962, *17*, 748-762.

MOSSÉ, F., Le renouvellement de l'aspect en germanique, in *Mélanges offerts à J. Vendryes*, Paris, Champion, 1925, 287-300.
PIAGET, J., *Le langage et la pensée chez l'enfant*, Neuchâtel, Delachaux et Niestlé, 1923.
PIAGET, J., *La naissance de l'intelligence chez l'enfant*, Neuchâtel, Delachaux et Niestlé, 1936.
PIAGET, J., *La formation du symbole chez l'enfant*, Neuchâtel, Delachaux et Niestlé, 1936.
PIAGET, J., *Le développement de la notion de temps chez l'enfant*, Paris, P.U.F., 1946.
PIAGET, J., *Les notions de mouvement et de vitesse chez l'enfant*, Paris, P.U.F., 1946.
PIAGET, J., *Six études de psychologie*, Genève, Gonthier, 1964.
PIAGET, J., *L'épistémologie génétique*, Paris, P.U.F., 1970.
POHL, J., Aspect-temps et aspect-durée, *Le français moderne*, 1964, 32, 170-178.
POHL, J., Imparfaits et Indiens, *Le langage et l'homme*, 1967, 4, 127-136.
PORZIG, W., Zur Aktionsart des idg Präsenbildugen, *Indogermanische Forschungen*, XLV, 1927.
PRIOR, A.N., *Time and modality*, Oxford, Clarendon press, 1957.
RICHELLE, M., *L'acquisition du langage*, Bruxelles, Dessart, 1971.
SAPIR, E., *Le langage*, Paris, Payot, 1953.
SAUSSURE, F. (de), *Cours de linguistique générale*, Paris, Payot, 1916 .
SAVIN, H. & PERCHONOCK, E., Grammatical structures and the immediate recall of English sentences, *J. verb. Learn. verb. Behav.*, 1965, 4, 348-353.
SECHEHAYE, A., *Essai sur la structure logique de la phrase*, Paris, Collection de la Société linguistique de Paris, 1926.
SINCLAIR, H., *Acquisition du langage et développement de la pensée*, Paris, Dunod, 1967.
SINCLAIR, H. & BRONCKART, J.P., S.V.O. A linguistic universal ? A study in developmental psycholinguistics, *J. Child Experm. Psychol.*, 1972, 14, 329-348.
SLOBIN, D.I., *The ontogenesis of Grammar : some Facts and several Theories*, New-York, Academic press, 1969.
SLOBIN, D.I., Cognitive prerequisities for the Development of Grammar, in C.A. Ferguson & D.I. Slobin (Eds.) *Studies of Child Language Development*, New-York, Holt, Rinehart & Winston, 1973, 175-208.
SZEMERENYI, L., Unorthodox views of tense and aspect, *Arch. Ling.*, 1965, 17, 161-171.
TRAUGOTT, E.C., Historical linguistics and its relation to studies of language acquisition and of pidgin and creoles, Lecture given at U.C. Santa Cruz, 1972.
WARDEN, D.A., The influence of context on children's use of identifying expressions and references, *British Journ. Psychol.*, sous presse.
WARNANT, L,. « Moi, j'étais le papa... » L'imparfait préludique et quelques remarques relatives à la recherche grammaticale, in, *Mélanges de Grammaire française offerts à M. Grévisse*, Gembloux, Duculot, 1966, 343-366.
WASON, P.C., The context of plausible reference, *J. verb. Learn. verb. Behav.*, 1965, 4, 7-11.
WATKINS, C., *The Indo-European Origins of the Celtic Verb*, Dublin. The Dublin Institute for Advanced Studies, 1969.
WEINRICH, H., Tense and time, *Arch. Ling.*, 1970, 1, 31-41.
WHORF, B.L., *Language, thought and Reality*, Cambridge, M.I.T. press, 1964.
WIERCZBICKA, A., On the semantics of the verbal aspect in Polish, in, *To honor R. Jakobson, III*, 1967, 2231-2249.
WUNDT, W., Die Sprache, in *Völkerpsychologie, I*, Leipzig, Engelman, 1900.
YNGVE, V., A model and an hypothesis for language structure, *Proceedings of the American Philosophical Society*, 1960, 104, 444-466.

PUBLICATIONS DU SECTEUR DE PSYCHOLINGUISTIQUE
F.P.S.E. — UNIVERSITE DE GENEVE

1970

BRONCKART, J.P., Le rôle régulateur du langage chez l'enfant: critique expérimentale des travaux d'A.R. LURIA, *Neuropsychologia*, 1970, *8*, 451-464.
FERREIRO, E., Les relations temporelles dans le langage de l'enfant, Thèse de doctorat en psychologie, Université de Genève, Juillet 1970.
SINCLAIR, H., The transition from sensory-motor behavior to symbolic activity, *Interchange*, 1970, *1*, 119-126.
SINCLAIR, H. & ANGELERGUES, R., Langages, in *Alpha Encyclopedia*, 1970, 9, 3530-3535.
SINCLAIR, H. & FERREIRO, E., Etude génétique de la compréhension, production et répétition de phrases au mode passif, *Archives de psychologie*, 1970, *40*, 1-42.

1971

CAPREZ, G., SINCLAIR, H. & STUDER, B., Entwicklung der passiveform im Schweizerdeutschen, *Archives de Psychologie*, 1971, *41*, 23-52.
FERREIRO, E., *Les relations temporelles dans le langage de l'enfant*, Paris, Droz, 1971.
FERREIRO, E. & SINCLAIR, H., Temporal relationships in language, *J. Int. Psychol.*, 1971, *6*, 39-47.
MONTANGERO, J., L'apprentissage de la phrase passive, *Archives de Psychologie*, 1971, 41, 53-61.
SINCLAIR, H., Sensori-motor Action Patterns as a condition for the Acquisition of Syntax, in R. Huxley & E. Ingram (Eds.) *Language Acquisition: models and methods*, New-York, Academic Press, 1971.
SINCLAIR, H., Piaget's theory on Language Acquisition, in M.F. Rosskopf & al (Eds.) *Piagetian Cognitive-development Research and mathematical Education*, Washington, N.C.T.M. Inc., 1971.
SINCLAIR, A., SINCLAIR, H. & MARCELLUS, O. (de), Young children's comprehension and production of passive sentences, *Archives de Psychologie*, 1971, 41, 1-22.

1972

BRONCKART, J.P., Le comportement verbal, Revue de Bramaud du Boucheron & al., *Psychologie*, 1972, *31*, 58.
INHELDER, B., LEZINE, I., SINCLAIR, H. & STAMBACK, M., Les débuts de la fonction symbolique, *Archives de Psychologie*, 1972, 41, 187-243.

SINCLAIR, H., Developmental psycholinguistics, in P. Adams (ed.) *Language and thinking*, Hermondsworth, Penguin books, 1972.

SINCLAIR, H., Some comments on Fodor's reflections on L.S. Vygotsky's Thought and Language, *Cognition*, 1972, *1*, 317-318.

SINCLAIR, H. & BRONCKART, J.P., S.V.O. A linguistic Universal? A study in developmental psycholinguistics, *J. Child Experm. Psychol.*, 1972, *14*, 329-348.

1973

BRONCKART, J.P., Le développement opératoire et verbal chez l'enfant, in *Apprendre à lire*, La Tour-de-Peilz, Ed. Delta, 1973.

BRONCKART, J.P., Aspects et temps. Etude de l'utilisation aspectuelle du temps des verbes chez l'enfant, *Rev. Psychol., Sci., Educ.*, 1973, *8*, 147-177.

BRONCKART, J.P., Lo sviluppo operativo e verbale del fanciullo, Serv. Infor. e Document. Pedag., 1973, *10*, 4-10.

BRONCKART, J.P., The regulating role of speech. A cognitivist approach, *Human Develop.*, 1973, *6*, 417-439.

BRONCKART, J.P. & SINCLAIR, H., Tense, time and aspect, *Cognition*, 1973, *2*, 107-130.

CHIPMAN, H., L'enfant et son langage, *L'écho normalien*, 1973, *26*, 15-20.

LAVALLEE, M., Apprentissage d'une deuxième langue et développement opératoire chez l'enfant, Thèse de doctorat en psychologie, Université de Genève, Oct. 1973.

SINCLAIR, H., Language acquisition and cognitive development, in T.E. Moore (Ed.) *Cognitive Development and the acquisition of language*, New-York, Academic press, 1973.

SINCLAIR, H., Some remark on the Genevan Point of view on Learning with special references to Language learning, in R.A. Hinde & J. Stevenson-Hinde (Eds.) *Constraints on Learning*, New-York, Academic press, 1973.

SINCLAIR, H., L'explication en linguistique, in J. Piaget (Ed.) *L'explication dans les sciences*, Paris, Flammarion, 1973.

SINCLAIR, H., Taal en denken, *Tijdschrift voor Orthopedagogiek*, 1973, *4*, 255-264.

1974

BRONCKART, J.P., L'utilisation aspectuelle des temps des verbes chez l'enfant, Thèse de doctorat en psychologie, Université de Genève, février 1974.

BRONCKART, J.P., Le rôle des structures d'ordre dans l'acquisition du language. Etude comparative d'enfants normaux, dysphasiques et débiles, *Bull. Audiophonol.*, 1974, *4*, 377-392.

BRONCKART, J.P., L'acquisition des structures syntaxiques et sémantiques chez l'enfant de 3 à 7 ans, Genève, Publications de l'enseignement primaire, 1974.

CAMBON, J. & SINCLAIR, H., Relation between syntax and semantics: are they « easy to see »? *British Journ. Psychol.*, 1974, *65*, 133-140.

CHIPMAN, H., The construction of the pronominal system in English in children from 3 to 12, Thèse de doctorat en psychologie, Université de Genève, mars 1974.

CHIPMAN, H. & DARDEL, C. (de), A developmental study of the comprehension and the production of the pronoun « it », *J. Psycholing. Research*, 1974, *3*, 91-99.

PAPANDROPOULOU, I. & SINCLAIR, H., What is a word? Experimental study of children's ideas on Grammar, *Human Development*, 1974, *17*, 214-258.

SINCLAIR, H., Epistemology and the study of language, in *Problèmes actuels en Psycholinquistique*, Editions du CNRS, Paris, 1974.

SINCLAIR, H., From preoperational to concrete thinking and parallel development of symbolization, in M. Schwebel & J. Ralph, (Eds.) *Piaget in the classroom*,

New-York, Routlegde & Kegan, 1974.
SINCLAIR, H., L'acquisition du langage d'un point de vue Piagétien, *Folia Phoniatrica*, 1974, *26*, 1-12.
SINCLAIR, H., Le développement des structures sensori-motrices en tant que modèle heuristique pour l'élaboration des premières structures linguistiques, *Bull. Audiophonol.*, 1974. *4*, 355-366.

1975

BRONCKART, J.P., *Psicolinguistica*, Porto, Facultade de Letras, 1975.
SINCLAIR, H., Language and Cognition in Subnormals; a Piagetian view, in N. O'Connor (Ed.) *Language, Cognitive Deficits and Retardation*, London, Butterworths, 1975, 155-166.
STEWART, J. & SINCLAIR, H., Children's comprehension of questions, *Int. J. Psycholinguist.*, 1975, *3*, 17-26.

1976

BRONCKART, J.P. (Ed.), *Recherches psycholinguistiques et Pédagogie de la langue maternelle*, Genève, F.P.S.E. & Centre Pédagogique, 1976.
BRONCKART, J.P., SINCLAIR, H. & PAPANDROPOULOU, I., Sémantique et réalité psycholinguistique, in *Mémoire sémantique*, Numéro spécial du Bulletin de Psychologie, 1976, 225-231.

Sous presse

BRONCKART, J.P., Acquisition du langage et Développement cognitif, in *La genèse de la parole*, Paris, P.U.F.
BRONCKART, J.P., Les fonctions de représentation et de communication chez l'enfant, in J. Piaget, P. Mounoud & J.P. Bronckart (Eds.) *La Psychologie*, Paris, Gallimard, La Pléiade.
BRONCKART, J.P., KILCHER, H. & PAPANDROPOULOU, I., Les conduites sémiotiques, in M. Richelle & R. Droz, *Introduction à la Psychologie*, Bruxelles, Dessart & Mardaga.
BRONCKART, J.P. & SINCLAIR, H., Die Entwicklung der Sprache aus Genfer Sicht, in *Die Psychologie des 20. Jahrunderts, Band 7 : Piaget und die Folgen*, München, Kindler.
FERREIRO, E., OTHENIN-GIRARD, C., CHIPMAN, H. & SINCLAIR, H., How children describe relative clauses, *Archives de Psychologie*.
SINCLAIR, H., Les fonctions de représentation et de communication chez le bébé, in J. Piaget, P. Mounoud & J.P. Bronckart (Eds.) *La Psychologie*, Paris, Gallimard, La Pléiade.
SINCLAIR, H., Etudes comparatives, in *La genèse de la parole*, Paris, P.U.F.

TABLE DES MATIERES

Introduction 5

Chapitre I

Les notions d'aspect et de temps en linguistique synchronique et diachronique 15
    A. Les catégories grammaticales d'aspect et de temps . . 15
    B. L'évolution historique des catégories d'aspect et de temps . 24
    C. Les catégories temporelles et aspectuelles en français . . 28

Chapitre II

L'acquisition des structures temporelles en français 33
    A. L'acquisition du langage; perspective générale 33
    B. L'acquisition des déterminants du verbe en français . . 36

Chapitre III

Organisation générale des recherches 39
    A. Problématique générale 39
    B. Procédure expérimentale 40
    C. Résultats 47

Chapitre IV

La production des marques aspectuelles et temporelles chez les enfants de trois à huit ans 49
    I. La production des temps du verbe 54
        A. Les descriptions systématiques 54
        B. Analyse globale de la répartition des temps . . . 54
        C. Analyse génétique de la répartition des temps . . . 63
        D. Synthèse : Les fonctions des temps du verbe . . . 69

II. La production des marques lexicales de l'aspect et du temps . 73
   A. Les situations résultatives avec délai spatio-temporel de réalisation (cat. B et C) 73
   B. Les situations résultatives instantanées (cat. A) . . . 78
   C. Les situations non résultatives accidentelles (cat. D) . . 79
   D. Les situations non résultatives intrinsèques (cat. E) . . 80
   E. Synthèse : La production des marques lexicales . . . 82
   F. Discussion 84
  III. Les relations entre choix du temps et choix du verbe . . 86
  IV. Synthèse : Les marques lexicales et morphologiques de l'aspect et du temps 88

Chapitre V

L'incidence des variations du délai de production sur le choix des marques aspectuelles et temporelles chez l'enfant 91
Expérience II 91
   I. La production des temps du verbe 93
  II. La production des marques lexicales 102
Expérience III 103
Expérience IV 111

Chapitre VI

La production des marques aspectuelles et temporelles chez les adultes et les adolescents 113
Expérience V : Les adolescents 114
Expérience VI : Les adultes 123

Chapitre VII

L'acquisition des marques langagières de l'aspect et du temps . . 127
   I. Synthèse des données expérimentales 127
  II. Les hypothèses interprétatives 135

Bibliographie et annexes 143